どんなビジネスを選べばいいかわからない君へ

村上 学

BYAKUYA BIZ BOOKS

はじめに

起業のための〝勉強〟はいらない

君には、あこがれの経営者はいますか？

目指す企業はありますか？


もし名前がパッと思い浮かぶ場合、おそらく有名な経営者や大手企業でしょう。

しかし、本書はそれらを目指すものではありません。

本書の目的は、**ふつうの人が地道に稼げるようになる**ことです。日本有数の会社を作ったり、まだ世の中にない商品やサービスを生み出せるのはごく一部の天才だけです。その他大勢である我々は、地道に稼ぐことに注力したほうが賢明です。その点において、特別な才能は不要です。誰でも正しい手順を踏めば、自分の選んだビジネスで稼げるようになります。

ロールモデルとなるのは表舞台で華々しく活躍する経営者ではなく、もっと身近にいる経営者です。

その特徴は2つあります。**一つは勉強していないこと。**

すべての経営者が最新の経営理論に精通しているわけでもなければ、フレームワークを使っているわけでもありません。それでも、しっかり成果を出しています。世の中にはさまざまな経営理論やフレームワークが存在しますが、勉強が好き、経営コンサルタントを目指しているのでなければ、それらを必要以上に知っておく必要はありません。

ダイエットと同じで、つねに新しい（ように見える）理論やノウハウが登場します。それらを体系的に学ぶには限度がありますし、「まだ知識が足りない」と思っていたら、いつまでたっても起業できません。

そう、天才にあこがれてマネしたり、勉強をがんばることは、地道に稼ぐことにおいては役に立たないどころか、見当違いの方向に努力してしまったり、行動力を鈍らせてしまうことになりかねないのです。

もう一つの特徴は新しいことをしない。

新しいことには、つねに仮説と検証が欠かせません。その工程が増えれば増えるほど、リスクもコストも大きくなるので、できるだけ避けなければなりません。

世の中の企業のすべてが、唯一無二の強みや特徴を持っているわけではありません。それにもかかわらず、その多くはちゃんと経営を続けています。それほどおいしくない、安くもない飲食店が街にはいくつも存在します。起業において「新規性」は成功するための絶対条件ではないということです。それならば、不要なリスクやコストは避けるべきです。

二番煎じを究めるのが確実な方法

特に勉強せず、新しいこともしない。それではいったいどうやって稼いでいるのか？　それが本書でお伝えする方法です。

成功事例をマネる＝二番煎じを究める。

自らリスクやコストを負って仮説・検証していくのではなく、すでに結果が出ているやり方をそっくりマネるのです。これは勉強していない多くの経営者が（無意識のうちに）やっていることであり、そのエッセンスを抽出して言語化・整理しました。くわしい内容は本文に譲りますが、これを徹底できれば、失敗の可能性を限りなく小さくすることができます。

天才が実践する方法でもなく、勉強する必要もない。それにもかかわらず、確実に成果を出すことができる方法です。

会社経営は先行きが不透明なものです。時代の変化は早く、消費者のニーズも多様化しています。正解は一つではなく、不確定要素も多い中、自ら意思決定をしながら前に進む必要があります。そんなとき、自分の中にブレない軸を持つことができれば、自信を持って前に進むことができます。

一般的にはそれが著名な経営者のノウハウだったり経営理論だったりするかもしれませんが、本書でおすすめする方法を軸にすれば、迷わずに最短距離を走ることができるでしょう。

ゼロから何かを生み出そうとして失敗

いきなり「二番煎じを究める」なんて言われて、困惑している読者もいるかもしれません。

それでもこのように断言できるのは、それなりの理由があります。

私は現在、いくつかの会社を経営しながら、投資家としても活動しています。今でこそ事業が成功するかどうかはそれなりに見極めることができますが、最初は失敗続きでした。ビジネスを成功させるためには、自分で何か新しいことを考え出さないといけないと思っていたからです。

キャリアのスタートは会社員で、入社1年で会社を辞めて独立。大学時代から趣味だった登山に関わる仕事として、登山コーディネート業を選びました。ただそれは食い繋ぐための手段として考えていて、その間に世界を旅しながら自分探しをして、自分だけの世界で唯一無二の会社を作ろうと思っていました。

しかし、そんなことはかなうはずもなく、独立して30歳になるまでの数年間は苦労の連続。結果的に自尊心はへし折られました。そして試行錯誤を経て、「二番煎じを究めるべきだ」という考えに至ったのです。

自分なりに導き出したこの結論は、登山のコーディネートを通して知り合ったさまざまな経営者にも当てはまることがわかりました。私の経験に限ったものではなく、性別も人柄も業種も異なる経営者に共通する成功法則だったのです。

先述のとおり、それを言語化・整理したのが本書です。その核心となる方法論は第3章「マネる」と第4章「ズラす」の2つです。ただし、そこに至る序章から第2章は助走という大切な位置付けです。後半の第5章は各業界の第一線で活躍する先輩の事例を本書の方法論で読み解き、続く補章では「地道に稼ぐ」その先にも触れています。ぜひ前から順に目を通していただければと思います。

また、各章のトビラでは要点をまとめています。最初に全体像をつかんでおくことで、より理解が深まるはずです。

最後に、起業というと、個人レベルの副業から独立開業、チーム（組織）で始めるパターンなどさまざまです。ここでも不要なリスクやコストを避けるために、本書では一人で小さく始めることをおすすめしています。

目次

はじめに

序章 二番煎じを究めるとは？

第1章 ポジショントークにダマされるな

第2章 自分にできるビジネスを選ぶ

第3章

マネる

第4章

ズラす

第５章

５人の先輩に学ぶ

補章

成長戦略を考える

おわりに

序章

二番煎じを究めるとは？

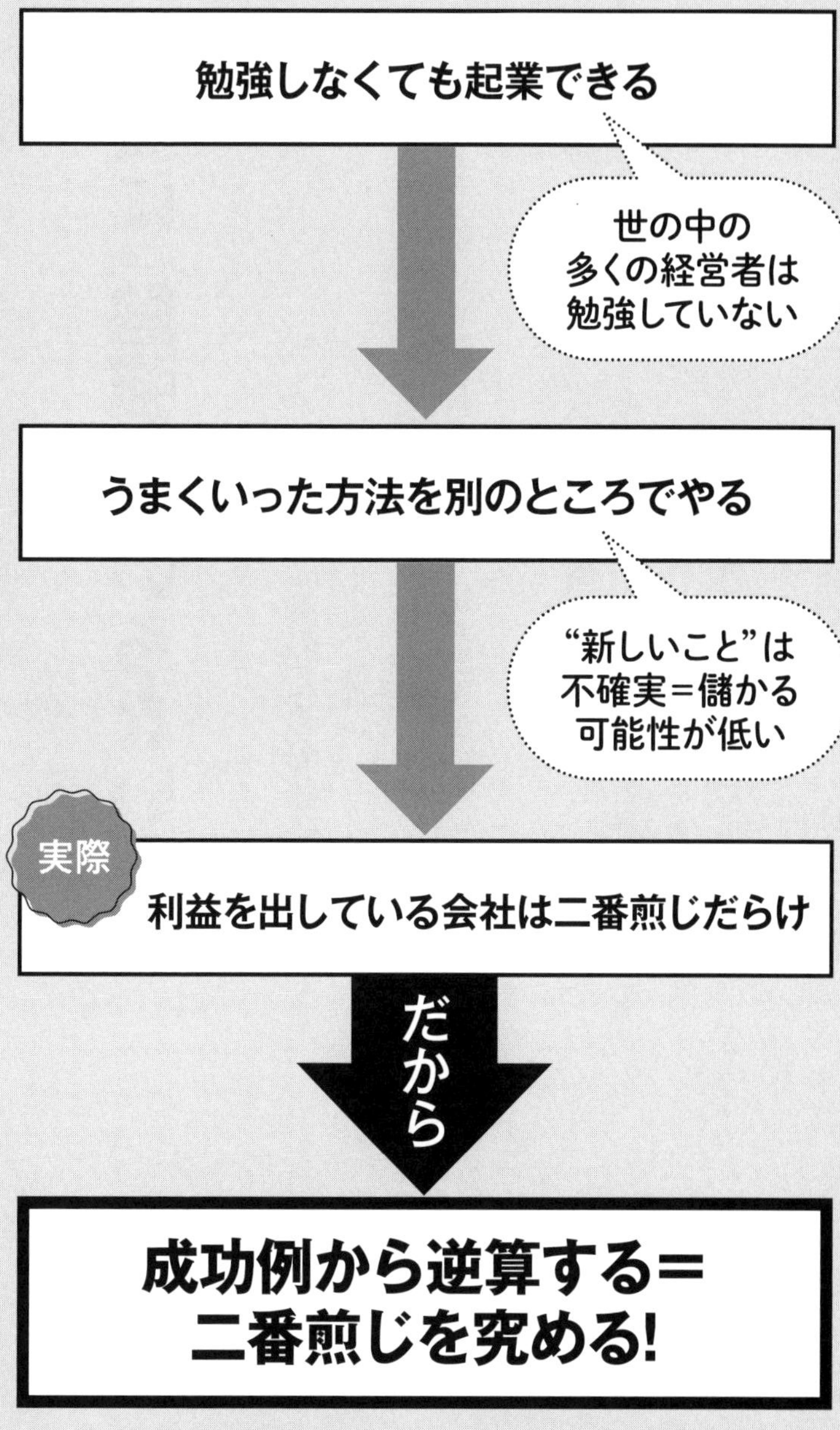
勉強しなくても起業できる
世の中の
多くの経営者は
勉強していない
うまくいった方法を別のところでやる
“新しいこと”は
不確実＝儲かる
可能性が低い
実際
利益を出している会社は二番煎じだらけ
だから
成功例から逆算する＝
二番煎じを究める!

「本当に〝勉強〟はいらない？」

「はじめに」で触れたように、**起業のための勉強は不要です。**「○○を知っておくべき」といった言説はひとまず横に置き、本書では勉強しなくても確実に稼げる方法をお伝えします。そのモデルケースとなるのは、本を書く経営者や発信力のあるインフルエンサーではなく、もっと身近にいる経営者です。

世の中にはたくさんの経営者がいます。ニュースやインタビューで取り上げられたり、本を書いたりする、目立つ人だけが経営者なのではありません。では、表には出てこない経営者はどこで見つかるでしょうか。

その一つが商工会議所です。日本商工会議所によると、全国で５１５の商工会議所がそれぞれの地域で活動しており（２０２２年4月時点）、会員数は１２５万にのぼります（2023年4月現在）。ようは、地域の会社経営者や個人事業主の多くが集まる場所です。

もし、起業家＝キラキラしている、成功者、あこがれの存在といったイメージがぬぐえないなら、一度、商工会議所に目を向けてみましょう。地元といった特定の場所を拠点にし、なおかつ決して派手ではない事業の経営者を見れば、**勉強せずに起業するヒント**が得られます。彼らの中には、起業するにあたって机に向かうわけではなく、「親のあとを継いで」起業したり、「リストラされて食っていくためにしかたなく」独立したり、事業を始める土地を「たまたま生まれた場所だから」という理由で選ぶ人がいるのです。

準備万端でスタートしていないので、最初は青色申告はおろか、「納税って何？」レベルの人も少なくありません。必要に迫られてそのつど覚えていくので、そこで初めて税金の多さに驚くことだってあります。

もちろん、すべての人が成功するわけではありません。たまたまうまくいく人もいれば、成果が上がらず失敗する人もいます。同じ商店街にある昔ながらの惣菜屋はずっと続いているのに、隣に新しくできたからあげ専門店はすぐに潰れてしまったというケースはよくあります。しかし、２つの店舗の明暗を分けたのは勉強不足や商品力の差ではなく、固定費の有無（惣菜屋は住居兼店舗で家賃が発生せず、家族経営で人件費もタダ。からあげ専門店は居抜き物件を借りてアルバイトを雇っていたなど）というちょっとした差だったりします。

起業をするときに不退転の覚悟があったのか。徹底的に市場調査をしたのか。必要な知識はすべて学習したのか。それらは起業の成否にはほとんど影響を与えないのです。

「地道に稼ぐ人たちの共通点に注目する」

起業において、もし生きるか死ぬかという極端なイメージを持っているなら、それは捨ててしまいましょう。そのどちらもよく目立つので、それがふつうのことだと思ってしまいがちです。

たとえば、日本経済新聞朝刊で1956年から続くコラム「私の履歴書」や、テレビ東京の『日経スペシャル ガイアの夜明け』『日経スペシャル カンブリア宮殿』では、非常にかっこいいストーリーが紹介されます。

一方、脱サラして飲食店を始めたはいいものの、経営に行き詰まってしまう人もいます。飲食は儲けるのが容易ではなく、流行り廃りも激しい業界です。生食パン、白いたい焼き、タピオカ、からあげ、カヌレ、フルーツサンド……流行りに乗って脱サラしたらブームが去ってしまった、という話を一度は聞いたことがあると思います。

成功か破産か。さながら**「清水の舞台から飛び降りる覚悟でやる」**イメージでしょうか。日本人は根性論が大好きなので、こういう表現は刺さる人には刺さります。しかし実際のところ、そんな意気込みで臨む経営者ばかりではありません。たしかに日々の努力は欠かせませんが、無理にリスクを犯す必要は微塵もないのです。

ひと昔前、「起業するからには与信枠（利用限度額）を使って借金しろ！」というメッセージが広く出回ったことがありました。私はそれを真に受けて破産していった若者を何人も知っています。起業にかぎらず、どの業界にもオピニオンリーダーがいるので、強いメッセージは浸透しがちです。でも、プレッシャーをプラスに変えて伸ばせる人ばかりではなく、プレッシャーに勝てず凝り固まってしまう人もいます。

世の中には大成功でもない、大失敗でもない、地味なストーリーがたくさんあります。見よう見まねで始めて、気がついたら創業30年。そういう会社は山のようにあるのです。しかも、細部の違いこそあっても、それらは**大筋が同じストーリーを持っています。**決して意識的ではないにせよ、同じ思考プロセスをたどっています。その勘所をうまくつかむことさえできれば、地道に稼ぎ続けることは可能なのです。

「うまくいったやり方を別の場所でやる」

商工会議所にかぎらず、勉強せずに起業した経営者は（背景や事業内容など、こまかいところは違っても）同じことをしています。それは、**「成功している誰かのやり方を、空いているほかの市場でやる」**。同業者や取引先から「あそこにいっぱい仕事あるよ」と聞けばそこに支店を出すし、「どこに広告打ったの？効果があったならウチもそこで出そう」と出稿しています。

なぜそんなことをしているのかというと、彼らは**「お金を稼げるポイント」がわかっている**からです。下積み時代に肌身を通して学んだのか、地元の先輩から教えてもらったのかは人それぞれでしょう。いずれにせよ、最新の経営理論や、誰もが知る有名なフレームワークを学び、活用しているわけではなく、業界にいるから身についたことです。

街中の小さな洋服屋や文具屋、本屋を想像してみてください。どのお店も、ショッピングセンターや大型専門店に顧客が流れ、厳しい経営を強いられています。そんな状況でも営業を続けているお店があるのは、地元の学校指定の学用品（学生服、体操服、鞄、文房具、教科書など）を取り扱っているためです。これが業界の外からは見えない、稼げるポイントです。


外からはなかなか見えないけど実は儲かっている――その最たる例は、東京・大田区の蒲田にあります。大田区は「ものづくりのまち」として知られていて、区内には実に３５００もの工場がありますが、そのほとんどはネジのような小さい部品の加工を専門に請け負っています。市場規模は数億円と小さいものの、市場をほとんど独占しています。

そもそも、小さい市場に大手は参入してきません。わざわざ設備投資するうまみがないためです。職人技が光る業界でもあるので、人を育てるのに時間もかかります。だから、「大きなメリットもないから、蒲田のあの親父にやらせておこう」となります。

当の本人も、ここが空いている、自分たちが勝てる市場だとわかっています。その上で、自社の独占状態を維持するためにちょっとした戦略も駆使します。居酒屋で「儲からない」とグチるのです。「ウチは儲からなくて大変だよ」と言うことで、「この業界で仕事しちゃダメだよ」と暗にアピールし、参入障壁を作っています。

「町工場の親父は実はお金を持っている」のは界隈では有名な話です。街を歩けば「あそこはどうやって儲けているんだろう?」と不思議に思う個人商店はたくさん見つかりますが、どこも稼いでいる同業他社と同じことを、別の場所でやっているのです。

「新しい＝売れるではない」

お金を稼げるポイントを心得ている人たちは、「成功している誰かのやり方を、ほかの空いている市場でやる」のが最短の道だとわかっています。そこに、新しい商品やサービスで参入しようという考えはありません。**非効率で不確実＝儲かりづらい**からです。

その理由を少し考えてみましょう。一つは、現代では**新しいものを生み出すのがむずかしい**こと。「チキンラーメン」を発明した日清食品の創業者・安藤百福さんは1958年当時、まだ世の中に存在しなかったインスタントラーメン（「チキンラーメン」）を開発して大成功を収めましたが、モノがあふれる今の時代にこれと同じことを再現するのは非常に難易度が高いと言えます。

もう一つは、仮にiPhoneやChatGPTのように突き抜けた商品を開発できたとしても、それが**売れるかどうかは別問題**だということです。

新しい商品のマーケットがあるかどうかわからないので、仮説と検証を何回も繰り返さなければなりません。市場調査や認知させるための広告費用もすごくかかるでしょう。

新しい健康成分を発見して商品化したとして、その成分がいかに健康にいいのかを広めないとニーズは生まれません。市販のヨーグルトのパッケージには「ガセリ菌SP株」とか、「LB81乳酸菌」といった体によさそうな（?）成分を前面に出した売り文句が並んでいますが、これらは大手メーカーが莫大な資本と時間を投下して市場調査や販促をした結果です。

おまけに、そのようなキーワードは定期的に新しいものに取って代わります。売れるまでのコストがいかに膨大なものか、想像に難くないでしょう。大手ではない我々には、莫大なコストを払う余裕はないはずです。そんな遠回りをする必要はなく、すでに成果の出ている検証済みのものだけを使えばいいのです。この世にまだ存在しない新しい商品を作るのは一部の天才や、研究所を持ち、日夜新しい商品を作り続けている大手に任せましょう。

「世の中は売れた二番煎じであふれている」

世間にはパクリに見える商品やサービスがたくさん存在しますが、うまくいっているものもあれば消えていくものもあります。その違いは、**成功例を「ほかの空いている市場に持っていった」かどうか**です。なぜなら、見方を変えれば、元の市場で顕在化したニーズも空いている市場では潜在的なニーズと言えるからです。

その上、**すでに需要があると証明されているわけですから、検証コストは限りなくゼロに近い。効率的に確実に稼げるのです。**

たとえば、YouTubeにはどこかで見た内容のコンテンツが並んでいます。しかし、「あれバズッているから、ウチのチャンネルでもやろう」と作った動画でも、チャンネルのターゲット視聴者が違えば（空いている市場に持っていけば）成立します。視聴者にウケているとすれば、差別化に成功していると言えるのです。

テレビをつければ、同じようなグルメ番組やさんぽ番組がいくつも見つかります。それらは同じに見えても、出演者と環境が変われば別の作品として受け入れられているのです。テレビドラマの「古畑任三郎」シリーズは、もともとフジテレビの石原隆さんが『刑事コロンボ』をアメリカから持ってきて、日本風にアレンジして成功を収めました。同じフォーマットを採用していても、出演者と環境が変わっているのでまったく別の作品になっています。

さらに例を挙げましょう。沖縄のＥＣサイトを覗いてみると、どこも似たようなおみやげが並んでいます。それは仕入れ元が同じだからですが、お店によって「琉球グラス専門」など見せ方を変えています。トップページを見れば、それぞれお店のコンセプトが異なるのがわかるでしょう。

このようなさまざまな売れた二番煎じを見てもまだ、こんなふうに思うでしょうか。

「そんなパクリでうまくいくはずがない」
「まだ解決されていない課題を見つけるべきだ」
「競合他社と差別化しないと勝てっこない」

二番煎じでも十分に戦えることはデータにも表れています。日本政策金融公庫 総合研究所が発表した「2022年度起業と起業意識に関する調査」を見てみましょう。

この調査は、新規開業の実態を把握するために、1991年から毎年実施されています。事業に充てる時間によって、起業家とパートタイム起業家に分けているのが特徴で、後者はいわゆる副業と考えて問題ないでしょう。

開業時の組織形態は9割、調査時点でも7割以上が1人（本人のみ）です。

余談ですが、本書では小さく始めることをおすすめしています。副業はリスクをできるだけ小さくできるという意味で初めての起業に適しているからです。

さて、この調査内容は広範にわたっています。その中から、興味深いデータがこ

商品・サービスの新規性

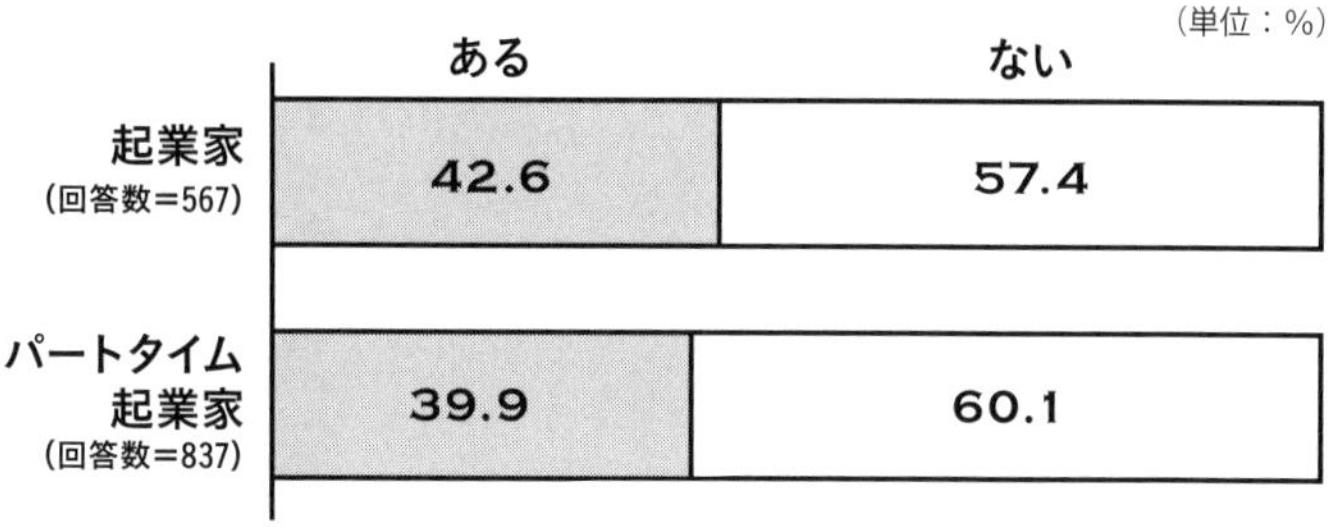

日本政策金融公庫 総合研究所「2022年度起業と起業意識に関する調査」をもとに作成

ちらです（上の表）。

この結果を見ると、起業家、パートタイム起業家の実に6割近くの人たちが、自分が扱う商品・サービスに新規性はないと答えています。

それでも事業を続けていて、自分の食い扶持を稼ぎ、税金を払っているのですから、新規性は起業するための必須条件ではないことがわかります。

「二番煎じを究める＝成功例から逆算する」

あらためて念を押しておくと、本書の目的は、イノベーションを起こして世界に打って出るとか、日本で一番になるとかではなく、**地道に稼げるようになる**こと。そしてそれは、ごく限られたエリアで勝つことを意味します。メジャーリーグやプロ野球、甲子園を目指すのではなく、町内会の草野球大会で勝つ。その目的を達成する最も確実な方法は「成功している誰かのやり方を、空いているほかの市場でやる」こと。余計な仮説や検証も不要です。そしてこれこそが、ただのパクリではない二番煎じを究める方法です。

結果が出ていないものに対して結果が出るように模索していく方法と、**結果が出ているものに対して同じやり方で結果を出そうとする**なら、後者のほうが確実性が高いのは一目瞭然です。一つひとつロジックを構築し、トライ・アンド・エラーを繰り返しながら正解を導き出していく従来の方法は、人によっては一生できないかもしれません。大量の情報から最適解を導き出して「これ」と信じ込めるのは、ある程度勉強してきた人でないとむずかしい。自分にとって何が必要な情報なのか、取捨選択する力が求められるからです。

本来、正解を導く方法論として体系化されたはずの経営理論やフレームワークでさえ、うまく使いこなせていない人が多いように思います。その代表格は**ランチェスター戦略**です。「弱者の戦略」で知られるこの戦略は、中小企業の代表的な戦い方として多くの企業に取り入れられています。ビジネスという戦場では必ず勝者と敗者が、強者と弱者がいます。まさに起業したての自分に重ねあわせて、弱者の戦略＝自分のための戦略として盲信してしまうのかもしれません。

ところが実際は、その**本質が誤解されたまま使われています。**たとえば、「ナンバー1になれ」。これは小さなエリアや、小さな商品（部分）などに絞ることで、小さなナンバー1を取りにいく重要性を説いているのですが、市場が成立しているか確認しないまま絞ってしまうケースが頻発しているのです。誰も求めていない「○○専門」をうたってしまったり、都内なら成り立つであろうエスニック料理店を地方で開いてしまったりする。

ランチェスター戦略は正しい理論です。でも、**正しいことと実際に使いこなせるかどうかは別問題**です。さらに言えば、ランチェスター戦略の理論でビジネスを構築できなくても、そもそもナンバー1の会社（＝成功事例）から逆算していく本書の方法を使えば、結果としてナンバー1になれます。それが二番煎じを究めるということです。

「さあ、始めよう」

起業の第1歩はとても慎重になると思います。準備は大丈夫だろうか、食っていけるだろうかと、不安はつきません。頭でグルグル考えてしまうかもしれませんが、

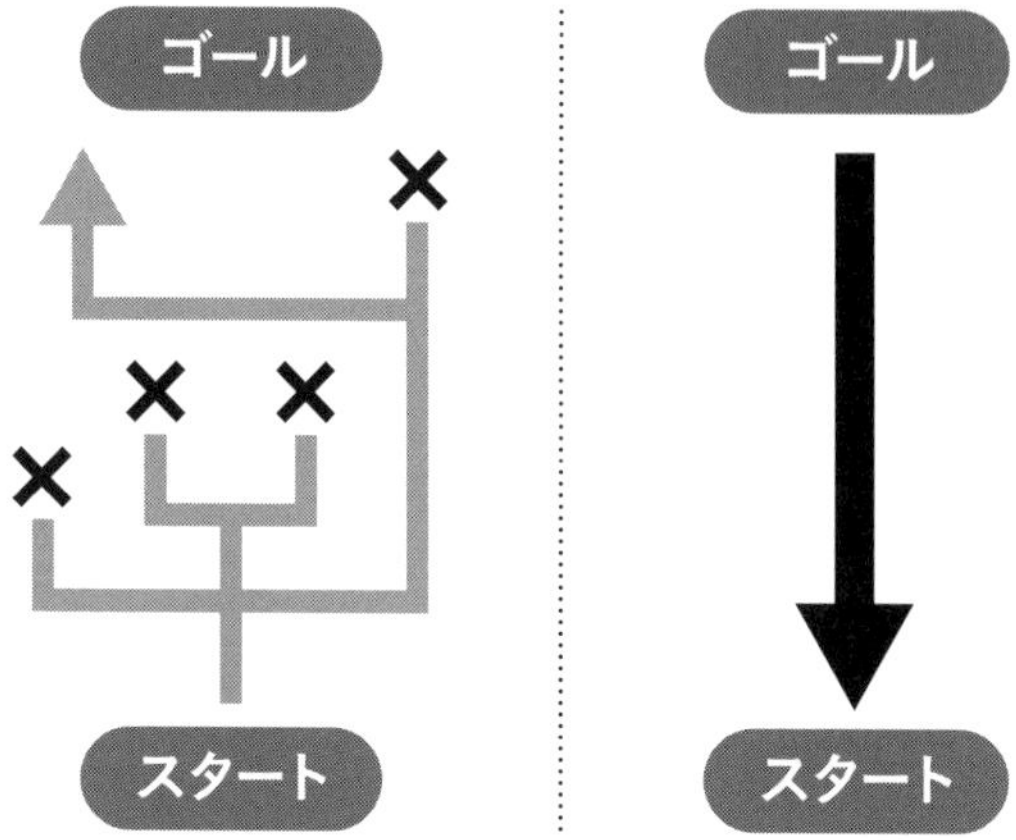

演繹的よりも帰納的に考える！

たくさんの選択肢を一つひとつ分析していたら、思考の迷路に迷い込んでしまい、身動きが取れなくなってしまいます。セミナー難民がその一例で、「この方法が正しいかな」「やっぱりあっちのほうが合っているかも」と、いつまでたっても行動に移せない人が少なくないのです。

思考がシンプルであればあるほど行動力が増すのは起業に限りませんが、結果から逆算する方法はとてもシンプルなので、やるべきことが絞られます。その結果、余計なことに惑わされず、行動に移せるのです。

また、再現性を備えているのも長所です。一発当てるだけなら、たとえ宝くじのような確率でも可能性はあるかもしれません。しかし、事業は継続してアウトプットしていく必要があります。再現性のあるノウハウが大事なのです。

頭でいくら考えても自転車に乗れるようにはならないのと同様に、起業も頭で考えてできるものではありません。だから勉強はひとまず横に置きましょう。起業して会社を動かすようになると、決断しなければならない問題が目の前に山積みになります。会社勤めの場合、自分が意思決定を求められることはそう多くはありませんが、自分が経営者になったとたん、すべての決定を自身でしなければなりません。つねに複数の選択肢の中から最適解を模索していくので、いちいち立ち止まっている暇はありません。いくら勉強しても、あらかじめ準備できるものではないのです。

実際に始めていく前に、一つだけ注意を。もし現在、会社勤めしているなら、そのまま続けましょう。理想はすべてのリソースを起業に集中させることかもしれませんが、副業などスモールスタートで感覚を磨いてから本格的に起業したほうがリスクは抑えられます。

よく「自分を追い込むため」「中途半端はイヤだから」といった理由で会社を辞めてから独立する人もいますが、モチベーション以外のメリットはありません。最適解ではないのです。そんなゼロ↓イチの思考は起業においては足枷にしかならないので、ここで捨てておきましょう。

100パーセント準備してから起業する人はいません。とりあえず補助輪なしで自転車に乗れるようになったらスタートしましょう。個人的な感覚として、会社を辞めてもいい基準は「このまま独立して今の収入を超えられるか」です。今の収入を基準にする理由は、人は生活レベルを下げると非常に大きなストレスを受けるからです。その上、さらに負荷のかかる起業をするとなると負担が大きすぎますし、冷静な判断力も失われてしまいます。ですから勢いにまかせず、冷静に判断してください。

第一章

ポジション トークに ダマされるな

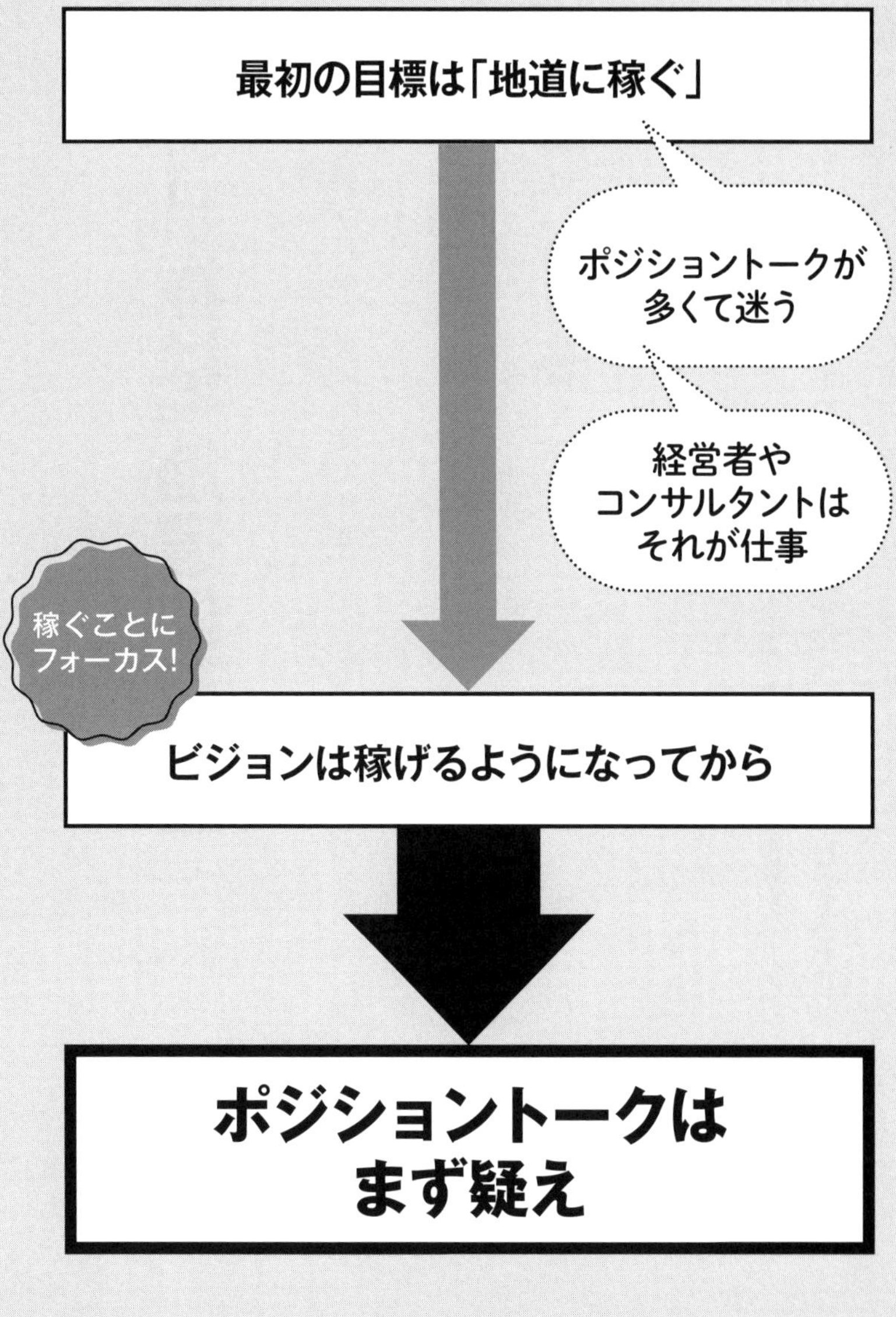
最初の目標は「地道に稼ぐ」
ポジショントークが多くて迷う
経営者やコンサルタントはそれが仕事
稼ぐことにフォーカス!
ビジョンは稼げるようになってから
ポジショントークはまず疑え

最初の目標は「地道に稼ぐ」

起業当初はお金もなければ人も足りない中で、数えきれないほどたくさんの工程が存在します。起業は準備を万全にしてスタートできるものではないので、優先順位を決めて取り組んでいきます。

おそらく「何から手をつければいいのだろう」と迷うかもしれませんが、**最初の目標は「地道に稼ぐ」**です。ここがブレなければ、本書で提案する方法で最短距離を走れます。

とはいうものの、そう簡単にはいかないのが起業です。

起業界隈では、人によって「これが大事だよ」というメッセージが変わります。

そう、**ポジショントーク（自分に都合がいい発言をすること）**です。このせいで目標がブレてしまい、何を信じればいいのか、何をすればいいのか混乱してしまうのです。その典型例が「ビジョン」です。ビジョンは自分のモチベーションになるだけでなく、「こんな会社になります」「こんな社会を実現します」といった将来のありたい姿や実現したい社会を表し、従業員や取引先、顧客といった利害関係者に発信するためのものでもあります。したがって、ビジョンの策定が大事だと言われれば、そのとおりだと納得するでしょう。ところが、もし最初にビジョンを決めようと力を注いでいるとしたら、失敗への第1歩を踏み出したといっても過言ではありません。

ビジョンといえば、ベストセラー『ビジョナリー・カンパニー』（ジム・コリンズ）が有名です。多くの人に読まれたこの本では、ビジョンの重要性が語られています。

あまりに名著とあがめられているためか、その権威を利用してビジョンの重要性を説く人が多いように思います。でも、稼ぐというゴールを見据えたとき、ビジョンの策定ははたして優先的に取り組まなければならないものでしょうか。質問を変えましょう。

ビジョンでメシは食えるでしょうか。

起業志望者は、何か聞こえのよい（けどフワッとしている）メッセージやアドバイスに注意を払わなければなりません。お金を稼ぐことに直結しない行動をしてしまいます。

イエローハットの創業者の鍵山秀三郎さんは社内のトイレを自身で洗うことで有名で、きっかけや効果などをメディアで語っています。事実、同社の躍進を支える重要な要素であるのは疑いようがありません。ところが、起業志望者がそれに感化されて同じ行動をしてしまったら、遅かれ早かれつぶれていくでしょう。いくらトイレを掃除しても、売り上げは上がりません。イエローハットと起業したばかりの小さい会社では立っているステージがまったく違うので、取るべき行動が異なるのは当然です。ビジョンや経営理念は稼いで（しっかりと地に足を付けて）からの話で、最初はドライに徹して稼ぐ。そこが見えていないと、泥沼にはまってしまいます。

「なぜ、ビジョンは語られるのか？」

経営者の多くがビジョンやミッション、バリュー、想いなどの（売上に直結しない）抽象的なメッセージを語るのはなぜでしょうか。

その理由はシンプルです。**成功した経営者は綺麗事を語るのが仕事**なのです。会社が大きくなればなるほど、従業員や利害関係者に伝わりやすい、わかりやすいメッセージが必要となります。そのため「ありがとうが大事」と言ったりするのです。

少し話がそれますが、経営者は古典も好きです。世間で名を馳せるリーダーたちは、『菜根譚』『孫子』『論語』といった古典をよく読みます。特に『孫子』はビル・ゲイツやイーロン・マスクの愛読書として有名です。昔から人間の本質は変わらないことや、戦争の戦略はビジネスと似通ったところがあるので、好まれるのでしょう。

名経営者が「影響を受けた」と言って紹介したりするので、当然「読んでおこう」という気持ちになるのはよく理解できます。だからといって、時間を割いてわざわざ読む必要はありません。古典を読んでも売上に直結しないので、時間と努力のムダに終わります。

「戦わずに勝つべき」という孫子の兵法はもっともだとしても、真に受けて「どうやったら戦わずに勝てるだろうか？」と考えこんでしまってはいつまでたっても売り上げは上がりません。


話を戻しましょう。経営者とは異なる理由からビジョンを語る人たちもいます。経営コンサルタントです。ひと口に経営コンサルタントといっても、専門はさまざまですが、中でもビジョンを語るのは参入障壁が低く、マーケットが広いのでビジネスとして成り立ちやすい。彼らはビジョンでメシが食えるので、ビジョンの重要性を語るのです。

経営コンサルタントの存在も「ビジョン重視」の状況に拍車をかけ

ていると言えます。コンサルはビジョンを語るとお金になりますし、それを聞く起業志望者は、資金計画は不要で、こむずかしいマーケティングを考えず、精神的にキツい営業もせず、ビジョンをしっかり決めたら成功すると思い込むことができます。安易に夢を見られるという点では宝くじと一緒です。よく考えたら期待値は低いのですが、コンサルと起業志望者にとっては一見、ウィン‐ウィンなのです。

起業志望者が振り回される一例としてビジョンを中心に見てきましたが、**専門家はみなポジショントークをし、その内容は人によって変わります。**会計士なら「会計の知識がすべて」と言いますし、行政書士や社労士なら「補助金を使え」と言います。そうして、自分たちのビジネスに集客しているのです。補助金は必ずしも必要なわけではありませんが、メッセージにつられた起業志望者の顧客リストを集めて、補助金申請の手数料で稼いだりしています。それは決して起業志望者のためを思った発言ではありませんが、**世の中にはそんなポジショントークがあふれています。**「税金の知識がないから起業できない！」「リーダーシップが足りないから起業できない！」と思わせて本業に呼び込んでいるのです。

飲食に関する起業本には、「売上アップには、箸の置き方が大事」と言うものもあります。もちろん、そのとおりだと思います。実際、超一流の店を出すならば、細部までこだわり抜いたほうがいいでしょう。でも、そうでない場合は、とりあえず稼ぐことにフォーカスし、稼いだあとに成長戦略として超一流を目指せばいいだけです。

「ビジョンを語るのは稼げるようになってから」

序章で見た商工会議所に集まる経営者、勉強をしてこなかった経営者は、**稼ぐことに重きを置いています。**中には「稼ぎは大事じゃない」と言う人もいるかもしれません。そういう人は裏でちゃんと稼いでいます。ビジョンやミッション、バリュー、想いはたいていが稼いでから声高に言うものなのです。

ビジョンを持つな、と言いたいわけではありません。安定した収入がない苦しいときに踏ん張る原動力になる人もいます。「暖簾を受け継いで、次代に残そう」という人もいるかもしれません。会社経営を続けていく上で、いずれ必要になるときも来るでしょう。

しかし、**ビジョンは「必ず」「誰もが」持たなければならないものではありません。**ポジショントークは、人によってはピッタリとハマります。自分は数字に強くて、たまたま「会計」の本を読んで起業したら成功した。体育会系出身の人が「営業は足で稼げ」というアドバイスどおりに動いたらトップ営業になれた。そんな幸せな一致はごくまれに起こります。しかし、それ以上に不幸な不一致が起こる可能性のほうが高い。ビジョンも同じです。ビジョンにとらわれないようにしよう、と言いたいのです。それが自分にとって稼ぐために直結した行動なのか？　つねに自問しなければなりません。

また、ビジョンを最初に固定してしまうと、（人によっては）力の源になる反面、それが唯一正しい道だと信じ込んでしまいがちです。**ゴールに至る道のりはい**

つだって複数考えられます。 本が好きだという理由で出版業界を目指す学生にとって、出版社への就職は数ある選択肢の中の一つでしかないにも関わらず、出版社に就職することがゴールになってしまう人がいます。出版を通じてどうしたいか?に対する答えがゴールなのに、「出版社に入らなければならない」と思い込んでしまうのです。もし出版社に就職できなかったら？　ほかの可能性に考えが及ばないまま、ずっとこだわり続けてしまいかねません。ビジョンありきで行動すると、ときにこのような不幸が起こります。

小学生のときの夢と中学生のときの夢は違うように、人生のステージが変わればかなえたい夢は変わります。ビジネスも同じで、ビジョンだって成長の過程で変わります。必ずしも一貫したビジョンが自分にとっていいものではないのです。へたに理想を掲げてしまうと、それにとらわれてしまい、臨機応変に動けなくなってしまいます。

「ポジショントークを疑うクセをつける」

本章では、最初の目標である**「地道に稼ぐ」**にフォーカスし、その障害となりうるポジショントークの注意点について解説してきました。ポジショントークはビジョンをはじめ、抽象的でマインド要素が強い傾向にあります。あっちこっちに振り回されないためにも、ポジショントークに出会ったら一歩引いて疑うようにしましょう。まとめとして一つ、疑う練習をしてみましょう。

「起業したら、勝つまでがんばることが大事だ」

このようなメッセージを見たとき、どう思いますか？　きっと誰もがそのとおりだとうなずくはずです。先に述べたとおり、精神論は合う人と合わない人がいます。

文字面だけを見れば正しいことを言っているので、自分にも当てはまると思い込んでしまうわけです。

しかし、次のように疑ってみたらどうでしょうか。「そもそも、勝つって文脈によって意味が変わらない？　がんばるって何をがんばるの？」と。

起業したら利益が出るまで続けることが大切ですが（利益を出さないまま終わってしまうと悲惨）、これを「勝つまで続ける」と言ってしまうとブレる原因になります。勝つという言葉が何を指すのかあいまいなので、寝ないでがんばるとか、借金しても続けるなどの間違った行動につながってしまう可能性があるのです。

「がんばる」も同じです。こうした言葉は一見、間口が広い。誰でもがんばることはできます。でも、起業家には（「がんばる」の意味が身を粉にして働くという意味なら）がんばらなくても勝っている人はたくさんいます。

起業したら稼ぐことが最優先。そのために逆算してやるべきことを粛々とこなしていきましょう。

第2章

自分にできるビジネスを選ぶ

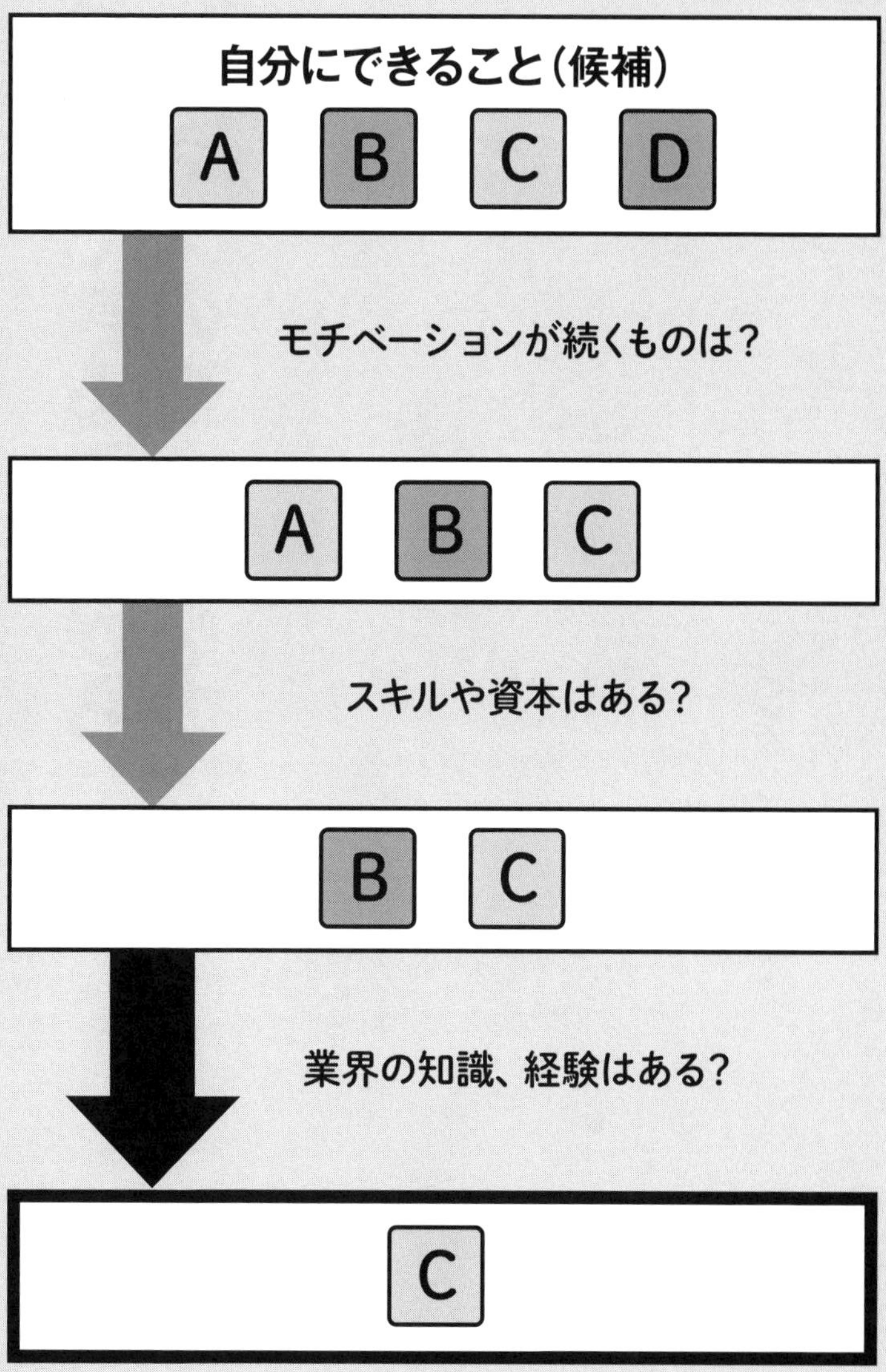
自分にできること（候補）
A
B
C
D
モチベーションが続くものは？
A
B
C
スキルや資本はある？
B
C
業界の知識、経験はある？
C

「自分にできることからビジネスの当たりをつける」

第2章では、参入すべきビジネスを選びますが、「成功している誰かのやり方を、空いているほかの市場でやる」といっても、なんでもかんでも好き勝手にしていいわけではありません。自分の力でマネられるビジネスは何か、ざっくりと当たりをつけておくべきです。

そのとき、「自分が何をしたいか?」「将来どうなりたいか?」ではなく、「(お金を稼ぐために)今の自分に何ができるか」という視点で考えるのが出発点となります。そして、それは次の2つに分解することができます。

①自分のモチベーションや強みとリンクしている
②業界について知識・経験がある

これはよく考えれば当然です。どんな理由でビジネスを選ぶのであれ、まったく知識も経験もない業界に飛び込むのは自殺行為です。表面的なモノマネに終始して、失敗に終わります。

自分にできることを把握した上で、飛び込もうとしている業界についてどれくらいわかっているのか。この2つを外さないようにしましょう。

①自分のモチベーションや強みとリンクしている

自分にできることを探すにあたって、**その基礎となるのがモチベーション**です。「何だったらモチベーションを維持しながらビジネスを遂行できるか?」という視点で考えます。

なぜ、モチベーションから考えるのでしょうか。事業は努力がムダになることのほうが圧倒的に多く、**時給・月給感覚に慣れた仕事のやり方ではモチベー**

ションは続かず、苦しいときにがんばれないからです。泥臭い感覚かもしれませんが、お金に関係なく、自分を動かす動機を持つのが成功の鍵であり、それこそが次に考える自身の強みのヒントになります。

もっとも、1年で会社をバイアウトしてしまおうというスタンスの人や、現場に出ない投資家なら話は別でしょう。しかし、事業家として生きていくなら、会社を立ち上げるときよりも起業後のほうが大切ですし、困難も待ち受けています。したがって、ずっとモチベーションが続く事業を選ぶべきです。

それでは、自身のモチベーションの源泉を探ってみましょう。次の質問に答えてみてください。

「お金をもらえなくてもやれる動機は何か?」
「収支がマイナスになっても情熱を持てるか?」

旅が好き、料理で人を喜ばせたい、病に苦しむ人を救いたいなど、何でも構いませんので、ひとまず50個を目標に書き出してみます。ある程度の数を書き出せば、一定の傾向が見えてくるはずです。

モチベーションが維持できればいいので、たとえそれが好きでなくても、興味がある、責任感を持てる、（誰かの）志を引き継ぐといったものでも結構です。ビジョンに振り回されてはいけないと言いましたが、モチベーションが続くものとして選ぶのはアリです。

逆に「趣味を仕事にしたい」という方向で考えるのはあまりおすすめできません。趣味は中途半端にできる一方で、「これしかやりたくない」と考えてしまう可能性があるからです。思い込みが強くなればなるほど視野は狭くなります。

市場にくわしいことがプラスとして働きますから、どうしても趣味を仕事にしたいなら考慮してもいいと思います。あくまでも冷静なスタンスで向き合えて、そこに市場があり、お金が稼げるかどうかは考えましょう。

仮に「それをやるくらいなら、起業したくない」と考えてしまう人は、優先順位が「稼ぐ」ではなく、「手段」が上になってしまっていると自覚してください。趣味を仕事にするのを完全に否定するわけではありませんが、頭の片隅に置いておきましょう。

くどいようですが、起業するとそれまで安定していた給料がもらえなくなります。それでもモチベーションを維持できるのか？　自らを突き動かすものがあるか？という視点が欠かせないのです。

「モチベーションに自分の強みを掛け合わせる」

自分のモチベーション（起業する動機や情熱）が見えると、選ぶべきビジネスがボヤッとした輪郭を持ちはじめます。この時点でおそらくいくつかの事業が選択肢として現れるでしょう。

もし料理で人を幸せにしたいと考えているなら、飲食店、料理教室、料理研究家、シェフ・調理師、ケータリング、アドバイザー、スタイリスト、ライター、カメラマン、動画制作、インフルエンサーなどが考えられます。料理で「何」をするかによって、業界が変わります。

この状態から**自分の強みを掛け合わせる**と、進むべき業界がよりクリアになります。料理は好きだけど接客は嫌いなら、飲食店は向いていません。ほかの業界に目を向けられれば、仕出し弁当を作ったり、レシピを公開して料理研究家やインフルエンサーになる道も選べるでしょう。

強みは得意と言い換えられます。強みをベースに会社、商品またはサービスを作っていくので、それがスキルなのか企画力なのか営業力なのか、具体的にいくつか探します。その中で一番簡単に勝てる分野で勝負しようというわけです。

モチベーションは大切な基礎となりますが、それだけでビジネスを選ぶのは危険です。モチベーションが続くからといって、うまくいくわけではないからです。お笑い芸人を例に考えてみましょう。「お笑いが好きだから」という理由で、昼はバイトをしながら夜は劇場でライブに参加したり営業したりするのはよく耳にする話です。お笑いに対してのモチベーションは高いので、どんなに辛くても耐え忍ぶことができます。

それにもかかわらず、すべての人が表舞台に立てるわけではありません。芸人としての芽がなかなか出なくても、いつまでも夢をあきらめられない人もたくさんいます。そんな中、「M－1グランプリ」は若手漫才師にやめるきっかけをつくるために創設されたと言われています。みずからすすんで身を引けない人たちに対し、客観的な評価を与えて夢をあきらめさせるわけです。

「M－1グランプリ」の出場資格は、コンビ結成10年以内。お笑い芸人の場合、下積み時代が10年、20年と続くのはザラですが、起業ではそんな悠長に構えていられません。ほかでバイトをしながら固定費がかからないビジネスをやれば資金はショートしないかもしれませんが、それは下積みを続けるお笑い芸人と同じです。個人の生き方なので否定はしませんが、どうせ起業するなら成功してほしいと思います。

そこで重要なのが、自分の強みを確認することなのです。私は昔から旅が好きで、沢木耕太郎にあこがれていました。しかし、自分が旅行作家になれるとはとうてい思えませんでした。彼のような表現力を持ちあわせていなかったからです。たとえ旅が好きでも、自身の強みに作家として必要なスキルがないならば、旅行作家という選択肢はなくなります。旅行作家にこだわらなければ、旅行代理店をはじめ、旅に関わる仕事はたくさんあります。私は結果的に、登山のコーディネート業を始めました。

芸能界が好きだけどビジュアルに自信がないなら、モデルを目指すのではなく、芸能界のほかのニーズがあるところで働き口を見つけなければならないでしょう。竹中直人さんはもともと俳優を目指していましたが、俳優は狭き門とわかっていたため、お笑いから芸能界に入りました。そして今でいう賞レースで優勝し、コメディー俳優としてブレイクします。自身の強みを生かし、戦略的に芸能界に進んだのです。

「強みには2つのリソースがある」

強みには人的リソースと資本リソースの2つがあります。人的リソースとは、文字どおり人に関わるものです。**自身の性格や職能（スキル）、協力企業といった人脈や取引先のリスト**など。

性格の場合なら、「自分は体育会系の環境で育ってきたから、理不尽なクレームに耐えられる」「頭よりも足を使った営業のほうが得意」などいろいろあるでしょう。今の時代、理不尽なクレームに耐えられる人はそれほど多くありません。大きな強みです。スキルであれば、先ほど料理の例を挙げたように、料理技術のほか、料理よりも人に話すことのほうが得意かもしれません。また、ＰＲ代理店から独立しようと考えているなら、広告の出稿先といった協力企業や取引先のリストは欠かせない強みとなるでしょう。大手代理店を相手に単なる価格競争では優位性を保てませんが、リストさえあれば営業はできます。自分はどんなリソースを持っているでしょうか。私の場合、旅が好きで登山の経験が豊富、かつ前職からすでに顧客リストを持っていました。

資本リソースは**お金**です。お金も強みになります。たとえばいきなり製鉄所で起業しようと考える人はほとんどいないはず。なぜなら、設備投資に莫大なお金が必要だからです。これは極端な例かもしれませんが、使えるお金がたくさんあるのは、はっきりとした強みと言えます。

自分の強みを見つけようとすると頭を悩ませる人が実に多いですが、学校のテストとは違い、人生にはたくさんの正解があります。もし強みうんぬんで悩むようなら、**消去法でいきましょう。**選んではいけないのは、流行っているビジネス、アイデアが先に立って自分に向いてない事業を立ち上げるなどです。このようなミスマッチはできるだけ避けましょう。

一番大事なのは、現場合わせ能力です。事業計画を立てたとしても、それは大枠のプランにすぎず、実際に行動すると大中小のトラブルが頻発するのが当たり前です。そのため、最適解をはじき出す能力が大事なのであり、それは鍛えられます。

ちなみに、現場合わせ能力をてっとり早く鍛えたいなら、海外への一人旅がおすすめです。海外旅行では不測の事態がたびたび起こり、そのときの最適解を見つけなければなりません。ベストではなく、ベターで判断する意思決定が身につくのです。

誰でもじっくり時間をかければ、ベストの解答を出すことはできるでしょう。たとえばある旅行を1万2000円で予約したものの、後日、ほかの旅行サイトでは1万円で販売されていることがわかったとします。損したと思うかもしれませんが、限られた時間で決定したのだから仕方ありません。経営も同じで、吟味している時間は限られます。

私は大学時代に休学して世界一周旅行をしたほか、独立して登山コーディネート業を立ち上げた直後も、しばらくアジアを拠点に活動していました。このときの経験は今に至るキャリアに大きな影響を与えています。

ただし、「ただ一つの答えを探したい」という理由から自分探しの旅に出るのはおすすめできません。正解を求める旅はムダになります。**何度も言うように、正解は一つではないのです。**自分の夢も自身のキャラクター付けも決めつけすぎないようにしましょう。思い込みが強いのは客観性がとぼしいとも言え、適切な分析ができなくなってしまいます。

「②業界について知識・経験がある」

モチベーションと強みを掛け合わせたら、選ぶべきビジネスが見えてきました。ここでも**もう一つ押さえておきたいのが「業界についての知識・経験」**です。なぜこれが欠かせないのでしょうか。新しい業界にいきなり飛び込んではいけないのでしょうか。

どの業界であれ、**お金を稼げるポイントを知っているからこそ、誰のや

り方をマネればいいのかがわかります。 自己分析だけだと「何をやるか」のみに焦点が当たってしまい、畑違いの業界（と成功事例）を選んでしまう可能性があります。次章で成功事例を調べるときに使うリストを紹介しますが、業界への知識がないと適当な調べ方になってしまいます。

業界の内情を知るなら、自分が正社員なりアルバイトなりで働いていたり、家族が関わっているのが最もてっとり早いです。業界内のネットワークが構築できますし、外からは見えないこまかいニーズを得られるようになります。特に専門性が高い分野のニーズは、外からはなかなか見えません。みんなが見えているニーズは競争がはげしく淘汰されやすいので、その点ではマニアックになればなるほどいいでしょう。

「〇〇さんが来年、引退するらしいよ」
「え、じゃあそこ空くんですね」
「そう。君がやるなら、少し手伝うよ」

こうした会話はどんな業界でも交わされており、それは外様には手に入れられない情報です。だからこそ、誰にでもチャンスがあります。私が見える業界はほんの一部ですし、それはほかの人にも当てはまります。君だけが見える業界がきっとあるはずなのです。

もし観察力がずば抜けているなら、外からでも見えるかもしれませんが、ある程度の経験が必要です。

安易に流行のビジネスに乗るのをおすすめできない理由も、もうおわかりでしょう。

ブームはサーフィンでいうポイントブレイクです。半島や岬に沿って規則正しくブレイクする波をポイントブレイクと言いますが、サーフィンでは一つの波をシェアすることは基本的にできないので、ほかの人の波を横取りしないように待ちます。しかし、それは簡単ではありません。「場所と条件さえあえば必ずここに波が立つとわかっているけど、いつ来るかわからないので、来たときのために準備して待ち続けている」中級者や上級者がいるのです。そんな人たちの中に、初心者が割って入れるでしょうか。

ビジネスでも同じです。タピオカドリンクのお店に一坪店舗が多いのは、簡易的な店舗で撤収しやすいためです。こうしたお店は半年もせずに投資した金額を回収できる仕組みになっています。そしてサーフィンのようにブームを見逃さずに次の準備をします。**会社を畳む準備をしながら次のブームに備えている人たちと、ブームが来てから用意する人では、天と地ほど差があるのは明らか**です。

そうした視点をあらかじめ持っていれば、「一番やっちゃいけないのは飲食店」と言われても納得できるでしょう。知識や経験が必要で初期投資がかかるだけでなく、流行り廃りが激しい業界で新規参入者が多いので、そもそも経営を続けるハードルが高いのです。自分の強みが飲食で市場を見る力があれば別ですが、アイデアベース、儲かりそう、流行っているという理由で飲食業界に参入しても、成功の可能性は絶望的に低いです。

ところで、序章で紹介した「2022年度起業と起業意識に関する調査」には、

業種構成

単位：%

	起業家 （回答数＝564）	パートタイム起業家 （回答数＝834）
建設業	10.7	6.0
製造業	1.4	5.0
情報通信業	10.9	9.0
運輸業	7.1	4.7
卸売業	0.9	1.7
小売業	10.6	10.2
飲食店・宿泊業	7.0	3.7
医療・福祉	5.2	6.1
教育・学習支援業	4.2	9.3
個人向けサービス業	22.9	26.0
事業所向けサービス業	13.1	12.3
不動産業、物品賃貸業	3.5	2.2
その他	2.4	3.7
合計	100.0	100.0

日本政策金融公庫総合研究所「2022年度起業と起業意識に関する調査」をもとに作成

業種構成も掲載されています（上の表）。世の中の仕事をカテゴリーで分けたものです。信頼のおける情報なので、自分の強みに対してどんな業界が考えられるかのヒントとしても役立ちます。

起業家、パートタイム起業家ともに構成比率が低い業種は、それなりの参入障壁があることを意味します。初期投資がかかる、あらかじめ取引先の目星がついている必要があるなど、業種によって異なりますが、自身が進みたい業界の状況をどこまで把握しているでしょうか。本当は、このような表がなくてもざっくり見えることが理想です。まったく見当もつかないのであれば勉強不足です。

「足りないものがあったら立ち止まれ」

第3章以降、二番煎じを究めるための具体的な方法を紹介しますが、決して安易なモノマネを推奨するものではありません。業界について知識や経験があれば、少なくとも自分が通用するかどうか、そこそこの判断ができるはずです。

もしスキルが足りないなら、どこかで修行して経験を積んでもいいでしょう。お金が足りないなら貯金したり、融資してもらってもいいでしょう。

足りないものを補うために立ち止まるのは、一概にデメリットと言い切れません。足りていないものが明確になったわけですから、少なくとも『ビジョナリーカンパニー』を読むという選択肢を選ばないですみます。やる気を出すという目的で自己啓発書を読んだり、セミナーに通ったりしても、それは長続きしません（48時間の法則）。そんなことよりも、意識が足りていないものに向くので、結果的に最短距離を走れます。

「やってみないと始まらない」「本気の君にしか見えないものがある」

こんな無責任に行動を促す言動は数えきれないほどあります。その裏にはポジショントークがあるのではないかと疑いましょう。定年退職して数千万円の退職金を持っている人は、ある界隈の人たちにはカモに見えるはずです。「失敗しても年金があるから大丈夫です」といった甘い言葉で、フランチャイズに加盟させたりするのです。その結果、誰が儲かるのか。よく考えればはっきりしているでしょう。

ただし、美容室や寿司店など、修行と称した丁稚奉公が当たり前の業界では、最初の数年間は働いていても一向に知識や経験がたまらない場合があります。

美容師見習いの人が毎日シャンプーばかりしているのに、業界について見えていると言えるでしょうか。「将来、自分のお店を持ちたいんです」と言いながら、ずっと雑用ばかりしていてはスキルは身につかず、その将来はやってきません。

カットモデルを探して1日中、街で声をかけてやっと1人見つけることができた。これで仕事をした気になっているのも同じです。カットの腕を磨くなら、もっとたくさんの人数をこなさないといけません。

これは一見、矛盾していますが、一つの業界にいると視野が狭くなり、実は業界全体が見えなくなることがあります。視野が狭くならないためにも、親和性の高い業界も分析しながら、知識や経験を蓄えましょう。

第３章

マネる

（成功事例の完コピ）

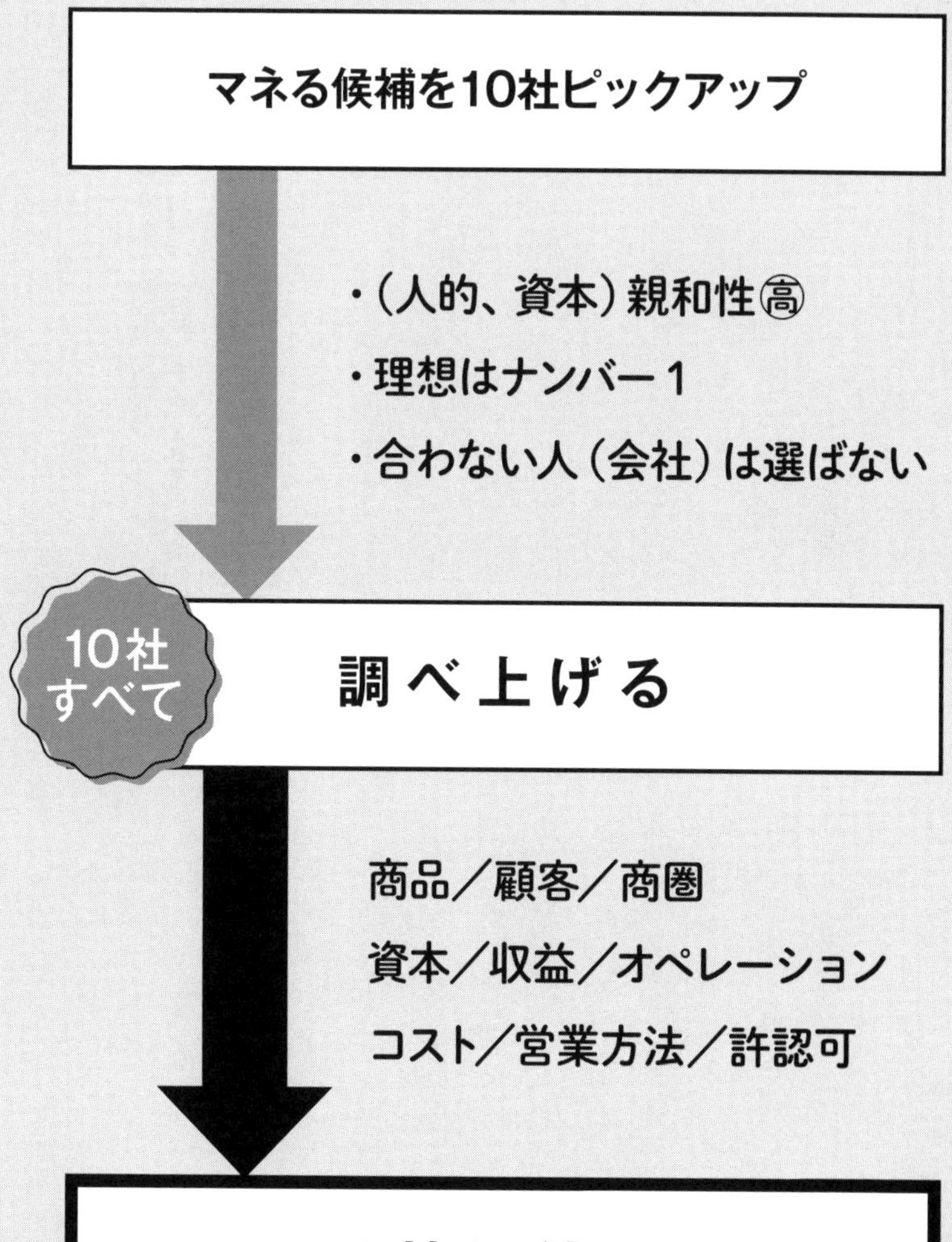
マネる候補を10社ピックアップ
・（人的、資本）親和性㊆
・理想はナンバー1
・合わない人（会社）は選ばない
10社すべて
調べ上げる
商品／顧客／商圏
資本／収益／オペレーション
コスト／営業方法／許認可
1社に絞る

「マネる＝成功している誰かのやり方を完コピする」

ここまで、起業の目的をはっきりさせ（最初のゴールは「地道に稼ぐ」）、参入すべきビジネス（自分のモチベーションや強みにリンクしていて、業界を理解している）を選びました。いよいよ本書の核である二番煎じの究め方です。

二番煎じを究めるとは、「成功している誰かのやり方を、空いているほかの市場に持っていく」でした。この第3章では、成功している誰かのやり方を完コピする（＝マネる）方法を、第4章ではそれを「空いているほかの市場に持っていく」（＝ズラす）方法を解説します。

では最初に、マネる方法を簡単に説明します。

- 参考にすべき企業をベンチマークとして10社リストアップ
- 各社を分析し、自分に適した1社を選んで完コピする

ベンチマークとなる対象は、自分と親和性のある企業です。それは、現在の自分の人的リソース、資本リソースでマネられるところを指します。

たとえば、本屋で起業しようと思ったら、大型書店をマネるのはむずかしいので、まずは個人で成り立っているお店を調べてみます（もし見つけられなかったら、それはやるべきではないということ）。そしておそらく、独立系書店が一つの候補として選ばれるでしょう。独立系書店は、本業である本屋にほかの業態（イベント、雑貨、カフェなど）を掛け合わせたもので、近年その数を増やしています。

親和性のある企業というと、本屋なら本屋と考えるかもしれませんが、もともと独立系書店はターゲットが同じであろう「ヴィレッジヴァンガード」など雑貨系のお店のほか、本をフロント商品として、バックエンドで利益率の高い雑貨や飲食を提供して利益を確保しているブックカフェを参考にしているはずです。つまり、親和性が高いという意味では、ベンチマークの候補になります。そのお店がどんな見

せ方をしているのか？　どこの業界に位置しているかによって、候補は広くとらえられるのです。

一方、銀座の蔦屋書店といった大型書店はベンチマークとして適切ではありません。蔦屋書店の規模感はもちろん、個人では（テナントとして入っている）スターバックスと組むのもむずかしいですし、そもそもマネタイズも異なります。というのも、カフェや本はほかの店舗への呼び水という位置付けだからです。同じようなビジネスモデルは、百貨店におけるアート展でしょうか。集客力のあるイベントを最上階で行い、下の店舗で買い物をしてもらおうというシャワー効果をねらったものです。それが今ではアートがカフェや本に変わったという事情です。

業界について知っているというのは、「どんなマネタイズ方法があるのか見当がつく」ことも意味しているので、ここまではっきりと違う業態をベンチマークする可能性はないと思いますが、自分のリソースではマネできない企業のベンチマークはくれぐれも避けるようにしてください。

「自分の人的リソース、資本リソースでマネできるか？」

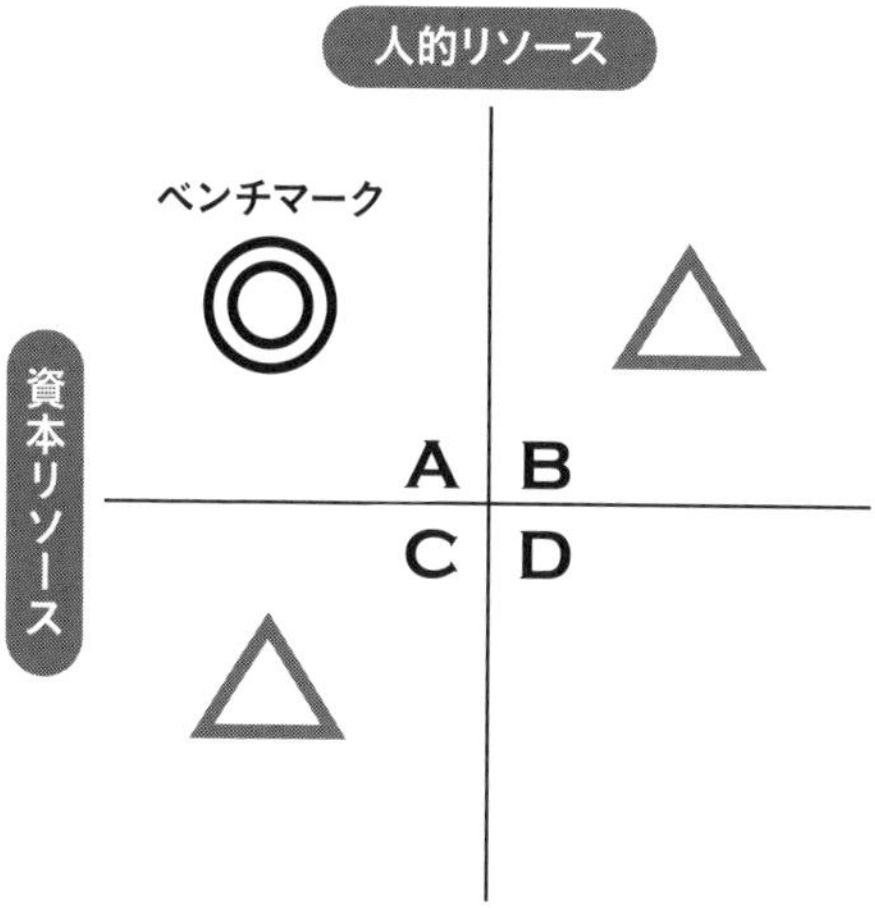

現在の自分にマネできるか。それは人的リソース、資本リソースの2点から考えます。ベンチマークに対して、自分がどのポジションにいるのか上の図で確認してみましょう。

Aは人的リソース、資本リソースともに足りているので、すぐにベンチマーク先をマネできる。

Bは人的リソースは足りているが、資本リソースが足りていない。

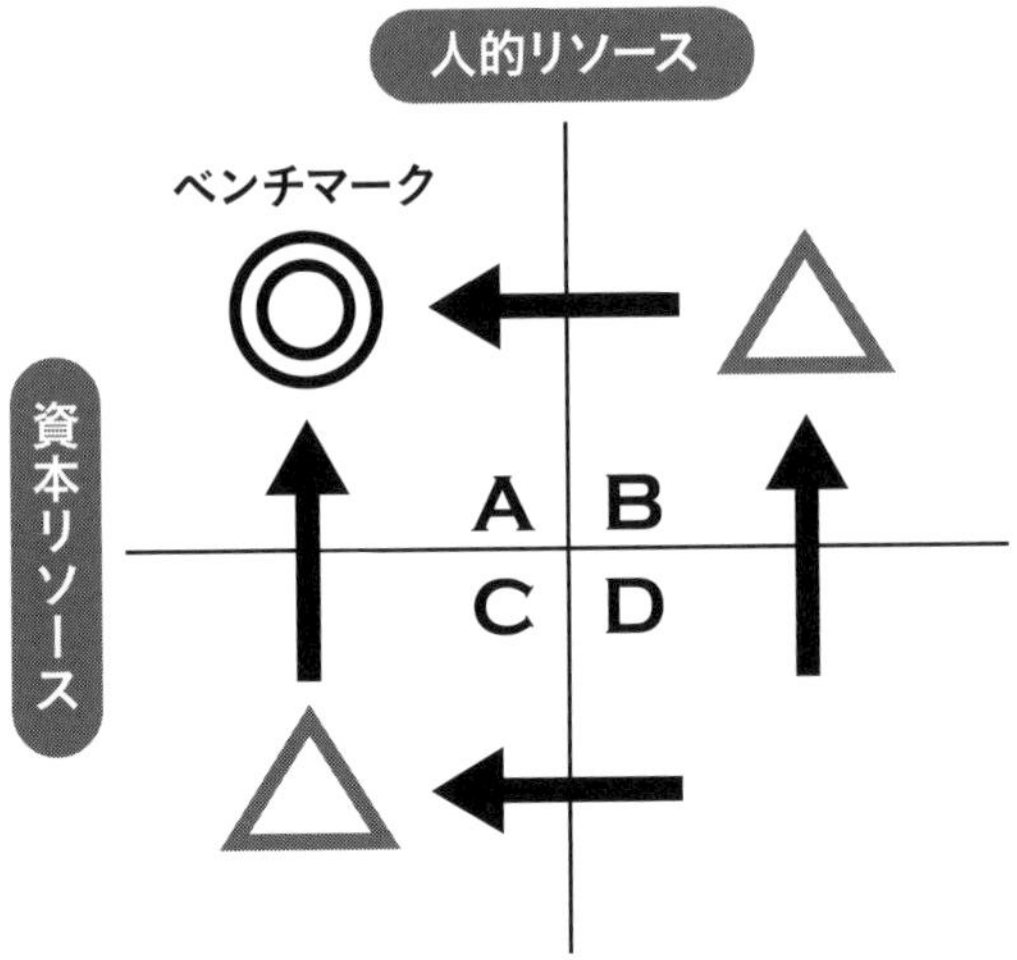

Cは資本リソースは足りているが、人的リソースが足りていない。
Dは人的リソースも資本リソースも足りていない。

ベンチマークを完コピするためには、現時点でAにいる、またはちょっと努力すればAに行ける必要があります。そのように判断できるなら、ベンチマークは候補として適切です。

第2章の最後で、足りないものがあったら立ち止まることも必要と説明しましたが、それはAにいない状態のこと。現在の立ち位置がBならお金を貯めるか調達する必要があり、Cならスキルを身につけたりする必要があります。もしどちらも足りていないDにいる場合、スキルを身につけて、お金を貯めるルートを選んでください。というのは、お金を貯めてからスキルを身につけるよりも、経験や実績を積んでからのほうがお金は調達しやすいからです。

「理想はナンバー1企業」

ベンチマーク候補となるのは、すぐにもしくは準備すればマネできる規模でのナンバー1、または成功している（しっかり利益が出ている）企業です。ナンバー2や3をマネても、競争優位性を維持することはむずかしいので、あくまでもトップのやり方をマネる、と覚えておきましょう。

それを判断するには、決算書を読むのがベストです。ただし、自分がベンチマークする企業の決算書はなかなか見ることができません。

なぜなら、そういう企業は決算書を公開していないからです。現在、決算書を見る最もポピュラーな方法は、金融庁が運営しているサイト「EDINET」（https://disclosure2.edinet-fsa.go.jp/WEEK0010.aspx）です。ここでは上場企業の決算書を検索することができます。株式会社は貸借対照表の公告が必須だと記載されているのです。決算書のすべてを見ることはできませんが、貸借対照表は社員でも閲覧できます。

しかし中小企業の場合、公告の義務はありますが、公開している企業はそう多くありません。起業当初は資本も小さく、ベンチマーク先となる企業も上場企業ではなく資本が小さい会社になるはずですから、決算書はおそらく見ることができないと思っておいたほうがいいでしょう。

そのほかの手段としては**業界団体や勉強会などに参加したり、雑誌で零細企業をピックアップしている記事を読んだり、ネットで検索したり、YouTubeを見たり**して情報を集めることもできます。

とはいえ、本章の後半で紹介する分析の段階では、決算書を見る感覚でお金の流れがどうなっているのか見てほしいと思います。

業界のお金の流れの構造は基本的には一緒です。飲食店なら、基本的なビジネスモデルはそれほど変わりません。どこにお金をかけていて、どうやって集客していて何でお金を稼いでいるのか。そんな目で見ていると、あるお店だけ流行っていたら、お金の流れに着目できるようになります。

「別に流行っているように見えないけど、なぜかはぶりがいい……」と疑問に思ったら、実はテイクアウトが強かったとか、ＥＣに力を入れているとかが見えてくるのです。

「ベンチマークを間違えない」

ナンバー1企業をベンチマークする際の注意点は、自分に本当にマネできるのか？を忘れてしまうことです。さまざまな角度から眺められるようにしましょう。

インフルエンサーはベンチマークになりうるか？

YouTubeにはストレッチや筋トレをはじめ、インストラクターによる動画がたくさん存在します。このような人たちは動画やSNSが個人レッスンへの動線となっており、そこでお金を稼いでいます。「じゃあ、自分もYouTubeとSNSをがんばろう」とベンチマークに選ぶのは適切でしょうか。なんとなく選ぶのは論外ですが、その人が選ばれている（フォロワー数が多い）理由次第ではベンチマークになります。もしそれが「芸能人だから」ではマネできませんが、自身の強みと一緒なら多少のタイムラグは発生するにしてもマネできます。

一方で、SNSを一切やらなくても稼いでいる人はいます。たとえば、別業種の人と組んで食事会を開き、そこに集まる経営者にアプローチする人もいます。あるスタイリストは「洋服も経費で落とせますよ」と経営者に営業し、スタイリングコンサルの年間契約を手にしています。もちろん、大手衣料メーカーと組むインフルエンサーだっています。

いずれにせよ、どの業界のインフルエンサーもそのポジションに至る過程があります。それがわかれば、少なくとも「今すぐSNSをやれ」「フォロワー数を増やせ」といった言説に振り回されずにすむでしょう。

英雄をベンチマークしない

ビジネスを選ぶとき「何をしたいか」「どうなりたいか」で考えてはいけないと解説しましたが、ここがブレると、英雄をベンチマークしてしまいます。「あの人のようになりたい」という考えには**自分の情報が入っていない**ので、これも間違ったベンチマークの選び方です。自分と親和性はあるのか？　言い換えれば、自分のスキルや強みの延長線上にあるのか？　夢やあこがれは大事ですが、それはそれとして、起業するときは現実を見ましょう。

「アップルだって、最初は倉庫スタートだった。スモールスタートなら、自分だって同じだ」

現在は埋められないほど大きな差があっても、スタート地点が同じならベンチマークにしてもいいじゃないかと考えているなら、それは誤りです。万が一、当時と同じ商品を作れたとしても、今は時代も市場の環境も違うので同じようには売れません。マネできるのは倉庫ぐらいでしょう。つまり、厳密にはマネできないのです。

現状認識ほどむずかしいものはありません。あくまでも、現在の企業に対して、自分の現在のリソースでマネできないとダメなのです。「倉庫でスタートする」に本質はありません。ビジョンをマネしたくなるのと一緒です。

人間は自分を高く見積もるので、天才と同一視したくなります。ましてや、前途洋々の未来を思い描いて起業する人は特にその傾向があります。だからこそいったん冷静になり、しっかりと現状認識をして、今の状況で行える最善の一手を選択することで、成功への最短距離を走れるのです。

セミナーや講演会に参加するのも、ベンチマークしている人のものだったら問題ないでしょう。しかし、「すごい人の講演だから聞いてみよう」と参加する場合は、その圧倒的なトークやオーラに惑わされ、ついついベンチマークしたくなってしまうものです。繰り返しになりますが、ベンチマークを設定する際は自分の情報を加味することを忘れないようにしてください。

「苦手を選ばない」

ベンチマークのピックアップを間違えてしまうのは「自分の情報が入っていない」のが大きな原因ですが、**自分の強みを間違えてしまう、苦手を選んでしまう**ことからも、悲惨な結果を招く不一致が引き起こされます。たとえ結果が出ていても、自分が苦手なことだったら選んではいけません。

たとえば、自分の強みが努力なら努力で成功した人をマネすればいいし、感覚で物事を判断するならその経営スタイルをマネして分析すればいいのですが、努力派の上司と感覚派の部下が絶望的に合わないように、感覚派の自分が努力派の経営者をベンチマークしてしまったらどうなるでしょうか。事業の修正を余儀なくされたとき、その原因を「自分は努力が足りないんだ」と判断してしまいます。遊んでいる社長なんていくらでもいますが、表に立っている社長が正しいと思ってしまうのです。その結果、いつまでたっても修正できず、失敗し続けてしまいます。

どれだけ注意しても、この不一致を避けるのは簡単ではありません。儲かると思ってベンチマークしてみたけど、営業方法が実は自分が苦手な体育会系の「エリアに分けたローラー作戦」が主体の会社だった。そんな間違いは起こるものですが、「自分の強みと違っていたからだ」と気づくことができれば、いくらでも修正はできます。

それに気づくのがむずかしいのは、やはり「正解は一つ」という幻想が幅をきかせているためでしょう。ナンバー1ばかりにとらわれると、取り返しのつかないミスにつながってしまいます。自分の強みにはないにもかかわらず、「それが正解なら」と思い込んでしまうわけです。たとえば、世の中で紹介されている経営理論やノウハウには、「A社はこうして成功した」「B社はああして失敗した」など、それを証明するケーススタディーとともに紹介されるのがふつうです。ところが、その事例が自分の強みにリンクしているかわからないですし、その事例が人的リソースや資本リソースとリンクしていなかったら参考になりません。それでも、「正解」として紹介されているので、ただの不一致ではなく、自分が間違っていると判断してしまいます。

第1章で触れたランチェスター戦略も、事例として紹介されている企業は泥臭い経営をしているケースが多いものです。それがいつのまにか、「泥臭い経営が善」と変化してしまうのです。あくまでも「そういう例もある」とみなすことが大切です。結果が出ているものをベンチマークしようとしたとき、泥臭い経営をしていればマネすればいい。「○○しなさい」といったわかりやすいワンメッセージで訴えるのは、著者や提唱者の想いが多分に入っていると認識しましょう。

大事なことを繰り返しているのは、しっかり理解していただければ、そうそう失敗しない自信があるからです。野球でたとえると、全国大会に出られるレベルなら話は別ですが、最初はマネできる地区大会に出場している強豪チームをベンチマークし、とりあえず地区予選をしっかり勝つことを意識するのです。地区大会で問題なく勝てるようになるくらいチームのレベルが上がってきたら、ベンチマーク先を変え、次は全国大会に照準を合わせましょう。

「ベンチマーク候補は10社ピックアップせよ」

ベンチマークの候補として、まずは10社を選びましょう。それを次項のリストに沿って調べ上げます。

10社も選んで分析するとなると、かなり骨の折れる作業になると思います。「どうせ1つに絞るなら2～3でいいじゃないか」と思うかもしれません。しかし、最初は慣れていないので**数をこなさないと精度が高まりません。**

そして、最終的に1つのベンチマークを選んでも、残りの9社はムダにはなりません。分析を続けていくと共通点が見えてくるので、「そこが大事なんだ」と認識することもできます。いろいろな会社の収益の流れや営業を見ておくと、もともと親和性の高いところを選んでいるので、のちのち計画を修正するときや、事業を拡大するときの両方で使えます。

もし、10社もピックアップできなかったり、調べたとしてもベンチマークのマーケティング戦略やビジネスモデルがまったく見えなかったら、その業界を知らなさすぎます。本来なら「マーケティングはそれをやっているんだね」とか、「なるほど、マネタイズはこうか」とわかります。それがわからないのは、基礎体力がない状態と言えます。未経験でないなら、少なくとも数カ月ぐらいでだいたい見えるようになるでしょう。

候補を10社選んだら、次項で紹介するチェックリストを使って丹念に調べていきます。簡単なのは人に聞くことでしょうか。先輩や取引先など、違うエリアの人であれば、「君の先輩の○○君は、ここで△△したらうまくいったらしいよ」と教えてくれるかもしれません。

ベンチマークしたい人を飲みに誘って聞けば、お酒が入っているのもあり、企業秘密まで教えてくれる場合も少なくありません。大手企業で働いていると情報漏洩にうるさいですが、中小企業は意外とゆるい人も多いので、ぜひ聞いてみてください。

そのほか、異業種交流会に参加してもいいでしょう。成功した社長の中には教えたい人も多いので、ベンチマークしたい企業の社長がオンラインサロンやセミナーを開いていた際は、参加するのも一つの方法です。

「ベンチマーク・チェックリスト」

分析する前に再度確認しておくと、ピックアップする際は、GAFAに代表される大企業ではなく、自分の強みが生かせる「今すぐ、または少し準備すれば」マネできる親和性の高いところを選びます。

そして、あくまでも自分たちでリサーチはしないこと。どこの業界でも同じことが起きています。結局、人の生活スタイルはそれほど変わりません。「流行っている隣のソーセージ屋さんよりおいしいソーセージを作ろう」と考えるのではなく、流行っている隣のソーセージを空いているほかの市場に持っていく。そのためにも、同じことができるように調べるのです。

ただし、経営コンサルタントになるわけではないので、最低限の分析で大丈夫です。あくまでも大枠を間違えなければ9割は問題ありません。ミクロレベルの間違いは現場合わせでなんとかなります。逆にささいな間違いにとらわれると行動が鈍ってしまいます。ゆるくいきましょう。

分析項目は次の9つです。

①商品・サービスは何か?
②顧客(とその関係性)は?
③商圏は?
④資本はどのくらいか?
⑤収益の流れは?

⑥オペレーションは？
⑦コスト構造は？
⑧営業方法やマーケティングは？
⑨必要な許認可は？

一つずつ確認していきましょう。

①商品・サービスは何か？

これは文字どおり、何を売って稼いでいるのかの確認です。それ以上でもそれ以下でもありません。注意したいのは、**自分で商品・サービスを作らない**こと。何か新しい商品・サービスを作ってしまうと、ニーズがあるかの検証が必要になってしまうからです。ベンチマーク先と何か差別化させようと考えるのはやめましょう。せっかく「この市場にニーズがある」ことをコストを払って検証してくれているのですから、ありがたくマネさせていただきましょう。

②顧客（とその関係性）は？

顧客は**具体的にしすぎず最低限で**把握します。化粧品なら20代女性、単価はデパートのコスメなら5000円や1万円。その価格帯なら、女子高生ではなくてOLさんだな、ぐらいで把握しておきます。顧客を考える際、「ペルソナ」という言葉が用いられることもありますが、それは大企業に限る話です。大企業は広告を打つ際に、徹底的に市場調査をして、戦略を構築していきます。それこそフレームワークを使いながら。我々はそこまでする必要はありません。

ただし、その業界にいないとわからないターゲットがいます。だからこそ、自分が立っているポジションが大事なのです。さまざまな業界への見識がある投資家でもないかぎり、ふつうの人が把握できるのは自分の業界とその周辺ぐらいです。

顧客との関係性も深く考えずにシンプルに考えましょう。B to BなのかB to Cなのかを確認し、「先生と生徒」といった顧客との関係を見ます（B to BはBusiness to Businessで企業同士のビジネスを言い、B to CはBusiness to Consumerで一般消費者を相手にするビジネスを言います）。**顧客との関係性を**

把握するのは、その後の営業方法が変わるからです。たとえば「先生と生徒」や「コンサルタントと取引先」なら、顧客に教える（言葉を選ばずに言えば）上から目線の営業になるほうが効果的な場合も多く、逆に下請けがメインなら上から目線の営業になることはありません。

③商圏は？

商圏はターゲットがいるエリアのこと。コンビニエンスストアの商圏は一般的に300メートル圏と言われます（都市部と地方では当然、その範囲は変わります）が、このくらいざっくりでオーケーです。ベンチマークがどのくらいの範囲をカバーしているのかを把握しておきます。

④資本はどのくらいか？

ベンチマークは自分のリソース（スキルや資本）と同程度でないとならないと説明しましたが、資本に関して言えば、自分で調達できるお金以上を使っていたら、マネしたくてもできません。すぐにマネできない大手などは基本論外です。今すぐマネできるか、努力すれば到達できるかチェックします。

人によって貯めているお金、用意できるお金は異なりますが、スタートアップ界隈でよく耳にするＶＣ（ベンチャーキャピタル）からの資金調達は選択肢から外しておきましょう。実際に集められるのは人気の業界のひとにぎりだけです。今ならメタバース、ＡＩ、宇宙などでしょうか。これらは市場が新しく、拡張性が期待できる＝リターンが期待できます。その一方で、町中華で修行した人が「新しいとんこつスープを発見したからお金を出してほしい」とプレゼンしてもお金は出してもらえません。古くからある業界でお金を調達できるのは、目立った実績がある人だけです。

現在は資金調達の間口が広がり、クラウドファンディングのほか、借りやすい融資もいろいろあります。自分で借入をして自己資本１００パーセントでまかなえれば一番いいですが、足りない場合は検討してみてください。

資本を持っておくか

自分が参入する業界において、一般的に**「どのくらいの期間、経営できる資本を持っておくか」**の目安も知っておきましょう。これは業界によって異なりますが、飲食店なら半年分と言われます。それだけ運転できる資金を手元に持っておく、ということです。先ほど説明したとおりベンチマーク先の決算書はオープンになっていないので、簡単な考え方として、損益分岐点のコスト半年分を持っておくといいでしょう。家賃と人件費で月に30万円かかるなら１８０万円です。

私の場合、自己資金に対して小さく始めるので、運転資金は２～３年ぐらい余裕を持ちます。余裕があれば、修正しやすくもなります。現場合わせ力は資本でも言えて、これが強い人のほうが事業は続けやすいのです。

本書では一人で小資本で始めることをおすすめしています。小さく始めて徐々に大きくしていくほうが、リスクを小さくすることができるからです。若い人はいいですが、定年退職した人などは全財産をドーンと投入するのは危険です。ただし、小資本でできるものは誰でもできますから、競合が参入しやすく競争は厳しいという側面もあります。

投資の世界でもある話ですが、**最初は冷静な判断ができる大きさがいい**のです。人間は急に大きいお金を動かせるほどのストレス耐性を持ち合わせていません。「飲み会で1万円出すのはいいけど、３万円はさすがに高いな……」と思うかもしれませんが、事業をやっていたら3万円なんてすぐに飛んでいきます。それもポンポンと飛んでいく。つまりストレスが半端ないのです。だから、小さく慣れていったほうがいいわけです。大きいお金を動かすのは慣れてからで十分です。飲食店は初期投資が大きいから簡単ではありませんが、売り上げが立たなくてもしばらく余裕があるぐらいの資金繰りをしたいものです。

⑤収益の流れは？

これはベンチマーク先がどこでマネタイズしているか、というビジネスモデルの話です。次の2つを最低限知っておくといいでしょう。

・フロントエンド&バックエンド
・ワンソースマルチユース

フロントエンド&バックエンドは、フロントは人を集める広告商品（無料やお得なもの）、バックは利益を稼ぐ商品を指します。つまり、フロントエンド商品を買ってもらうことで、より利益率の高い本命のバックエンド商品を購入してもらう。この2つの商品を掛け合わせることで利益を出していきます。

化粧品で考えるなら、Webサイトや街中で試供品を配ってリストを取り、コールセンターから電話をかける。整体やマッサージ、脱毛サロンなら初回500円でまずは来店してもらい、回数券のメニューを買ってもらう。スーパーなら「広告の品」を前面に出して集客し、ついで買いをしてもらうなど、あらゆる業界で見かける定番のビジネスモデルです。

ワンソースマルチユースは、一つの商品（ワンソース）をいろいろな稼ぎ方に用いる（＝マルチユース）こと。キャッシュポイントを変えると言い換えることができます。たとえば登山に関わる仕事は、登山ガイド、登山コーディネート、登山用の物販など、さまざまな形でお金を稼ぐことができます。いわば、自分の商品、スキルでどれくらいお金が稼げるかという、メニュー表をイメージするといいでしょう。メニューを増やすことに対してお金はかかりません。税理士事務所なら、起業支援、節税、記帳など、同じ商品（知識）でも、いろいろなお金のもらい方があるわけです。

9つのチェックリストには入れていませんが、売上目標はどうするべきでしょうか。調べた時点での売上を目標にすることはできません。なぜなら、今マネできるところを選んでも、**唯一マネできないのが実績**だからです。ベンチマークとなる企業は何年も事業を続ける中で得たリストを持っています。こちらがまったく同じ商品やサービスを提供しても、そのリストがないのです。ですから、**売上高は数年以内を目標にここまでいこうという目安**で考えておくといいでしょう。

そのほか、最初はむずかしいので意識する必要はありませんが、分析力がレベルアップすると、すでに大きくなった会社も調査対象になります。最初は年商数千万をねらいますが、数億円の会社が最初どうだったのか、どういう戦略をもって成長していったのかが見えてくるようになります。

⑥オペレーションは?

オペレーションとは、現場のことです。できるだけ一人で始められるものにするべきで、ベンチマーク先が複数人で行っていたらマネできません。よく「仲間同士で仲良く起業する」話もありますが、一緒にやるのはむずかしいと心得ておきましょう。家族でもないかぎり、一緒に会社をやるのは前途多難です。

なぜかというと、利益が発生しない時期があるので、よほど考え方や志が似通っていないと、壁を乗り越えられないのです。特に、学校の仲間の延長線上で起業するのは危険です。学生時代の仲間はお金を介していない関係です。それが起業してお金というバイアスがかかると、今までの関係は簡単に崩壊します。どうしても分業が必要なら、外注に頼みましょう。外注は利害関係なので、お金という点では問題になりません。

お金だけでなく、方向性の違いでもめることも多々あります。飲食店を多店舗化したい人と、1店舗をミシュラン三つ星にしたい人では考えが合わないのは当然でしょう。

⑦コスト構造は？

コスト構造を見る際は、何にお金がかかっているのか確認します。具体的には

固定費と変動費です。

固定費とは、売上のいかんにかかわらず、毎月必ずかかる費用のことです。家賃、人件費、保険、リース、宣伝広告費、通信費などが考えられます。

変動費は固定費と異なり、稼働日数や売上によって大きく変動します。仕入れや消耗品、手数料、運送費などです。

コスト構造をよく調べると、成功しているところは家賃が発生していないとか、原価率がとても安くなっているなど、意外と理にかなっていることがわかります。居酒屋では「近海魚4点盛り」（980円）や「とれたて刺身セット」（780円）といったメニューをよく見かけます。これは市場で規格外の魚を安く仕入れたり、漁師の知り合いがいて特別値で卸してもらったりして、刺身にしているのです。いくら規格外だろうと、新鮮な魚であることには変わりありません。メニューには「本日のオススメ近海魚4点盛り」と魚の種類が書いていないことが多く、それでも「地元の新鮮な魚を食べたい」というニーズをしっかり満たすことができます。こうした特殊な仕入れ先を持っていれば、一見、儲かっていないように見えても実は原価率が5パーセント。そんな非常に高い利益率を実現したりもしています。

私の経営するチューハイ屋も粗利率は8割を超えますが、「どこにそんなに利益が残っているの？」とよく驚かれます。そのようなパッと見ではわからないコスト構造を見ておくのが大事です。

それがわからず、表面的にマネてしまうと大変なことになります。「近海魚4点盛り」を正規のルートで仕入れてそのまま出していたら、980円で出すことは到底できません。居酒屋に限らず、近所のスーパーや東京・上野のアメ横で見かける安売りのバッグ店などがよくうたう「赤字覚悟で大放出！」は、本当に赤字を出しているわけではありません。しっかり利益を出すコスト構造になっているのです。

一方で、ある居酒屋の経営者は「居酒屋が好き」という理由だけで経営をしていますが、ハイボール50円などお酒を原価以下で提供していていつも店内はにぎわっており、多店舗展開もしています。しかし、何かコストで工夫しているわけではないので、利益率は非常に低い。たくさんのお店を経営していても、結局手に残るお金はサラリーマン時代とそれほど変わらないそうです。本人の価値観なので口出しするつもりはありませんし、それはすばらしい哲学だと思いますが、これから起業を目指す人にはベンチマーク先としておすすめはしません。脆弱な利益率では、起業初心者はすぐに資金がショートしてしまうでしょう。綱渡りが得意な経営者だからできる会社運営であり、初心者にとてもマネできるものではありません。

⑧営業方法やマーケティングは？

②の顧客との関係性で見たように、顧客がはっきりすれば、営業方法も自然と見えます。**どこに広告を売っているのか、どうやって取引先を獲得しているのか。**ざっくりわかれば十分です。営業方法が自分と合っていないと苦労することになります。

たとえば保険営業は同じ商材を扱っていながら、人によって営業方法はさまざまです。体育会系出身の人なら、マンションの上から下までピンポンするかもしれません。一方、1年中ゴルフコンペに参加するだけで紹介をゲットしている人だっています。

「Webマーケティングをしたほうがいい」「いやSNSを中心にすべき」など、

流行りありきで考えるのではなく、ベンチマーク先がやっているならやるという方針からブレないようにしてください。

注意してほしいのは、営業方法はポジショントークと非常に相性がいいこと。適当に流行っている打ち手から手を出してしまうところが少なくありません。あくまでも営業手法の一つでしかなく、「起業したらやっておくべきこと」のようなポジショントークに踊らされないようにしましょう。ベンチマーク先がやっていることをマネる。これを徹底してください。

マーケティングに関しては、商品やコンテンツをマネるだけではなく、その広め方まで調べるということ。インフルエンサーをベンチマークに選んだのなら、フォロワー数が増えたのは広告を打ったのか、誰かとコラボしたのかなどです。それが「芸能人だから」ならベンチマークとして適切でないことは、すでに説明したとおりです。

⑨必要な許認可は？

許認可は、**特定の事業を行うために必要な手続き**のことです。法律で定められており、許認可を得ていない状態で営業すると行政処分や法的責任を負う可能性があります。もし無許可で飲食店を営業してしまったら、食品衛生法、風営法に反し2年以下の懲役または200万円以下の罰金が課せられます。

許認可には「届出」「登録」「認可」「許可」「免許」の5種類があり、業種によって種類や申請先が異なります。詳細は割愛しますが、もし医者になりたくても、医師免許がなければなることができません。たとえお金があっても、誰でもなれるわけではないのです。弁護士も同様で、知識だけではなることができません。刑事ドラマなどでは弁護士よりも法律にくわしい優秀な検察事務官が出てくることがありますが、弁護士にはなれません。

ここまでベンチマーク先を調べる9つの項目を見てきました。この10社から、現時点の自分の状況（人的リソース、資本リソース）を考慮して、1社を選びましょう。これらを分析した結果が「勝てる事業計画」となります。

第4章

ズラす

（空いているほかの市場に持っていく）

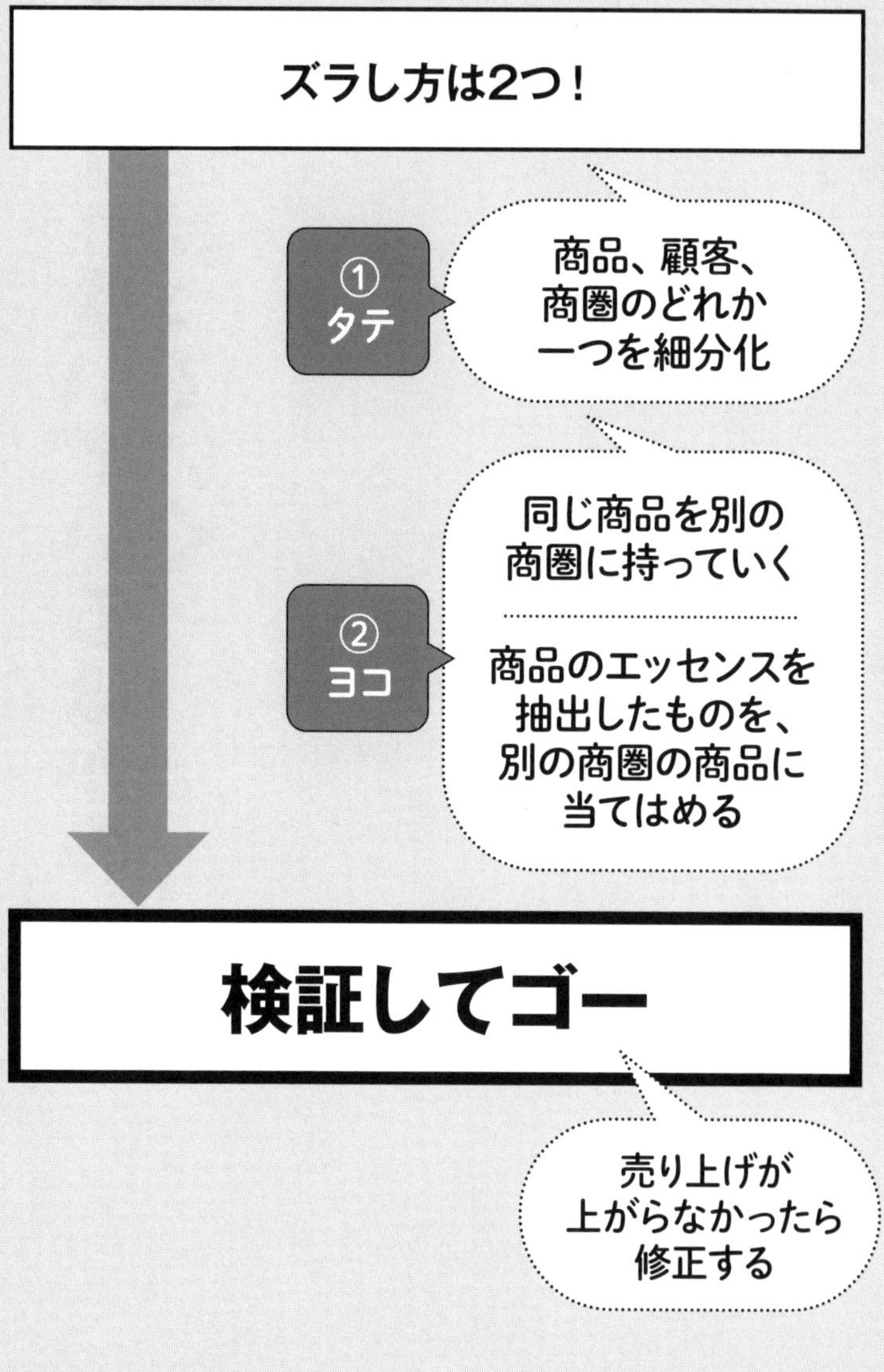
ズラし方は2つ！
①タテ
商品、顧客、商圏のどれか一つを細分化
②ヨコ
同じ商品を別の商圏に持っていく
商品のエッセンスを抽出したものを、別の商圏の商品に当てはめる
検証してゴー
売り上げが上がらなかったら修正する

「ズラす＝空いているほかの市場に持っていく」

ベンチマークとなる企業が決まったら、次に行うのは、これから説明する「空いているほかの市場に持っていく」ことです。

経営をしていく上で競争は避けられませんが、モデリングしているところがナンバー1であれば、結果として自分も勝てる事業計画を作っていることになります。

したがって、同じ土俵で競争するのではなく、できるだけ勝ちやすいフィールドで勝負しようというわけです。

空いているほかの市場に持っていく方法は次の2パターンです。

- **タテにズラす→商品、顧客、商圏のどれか一つを細分化する**
- **ヨコにズラす→商品を別の商圏に持っていく**

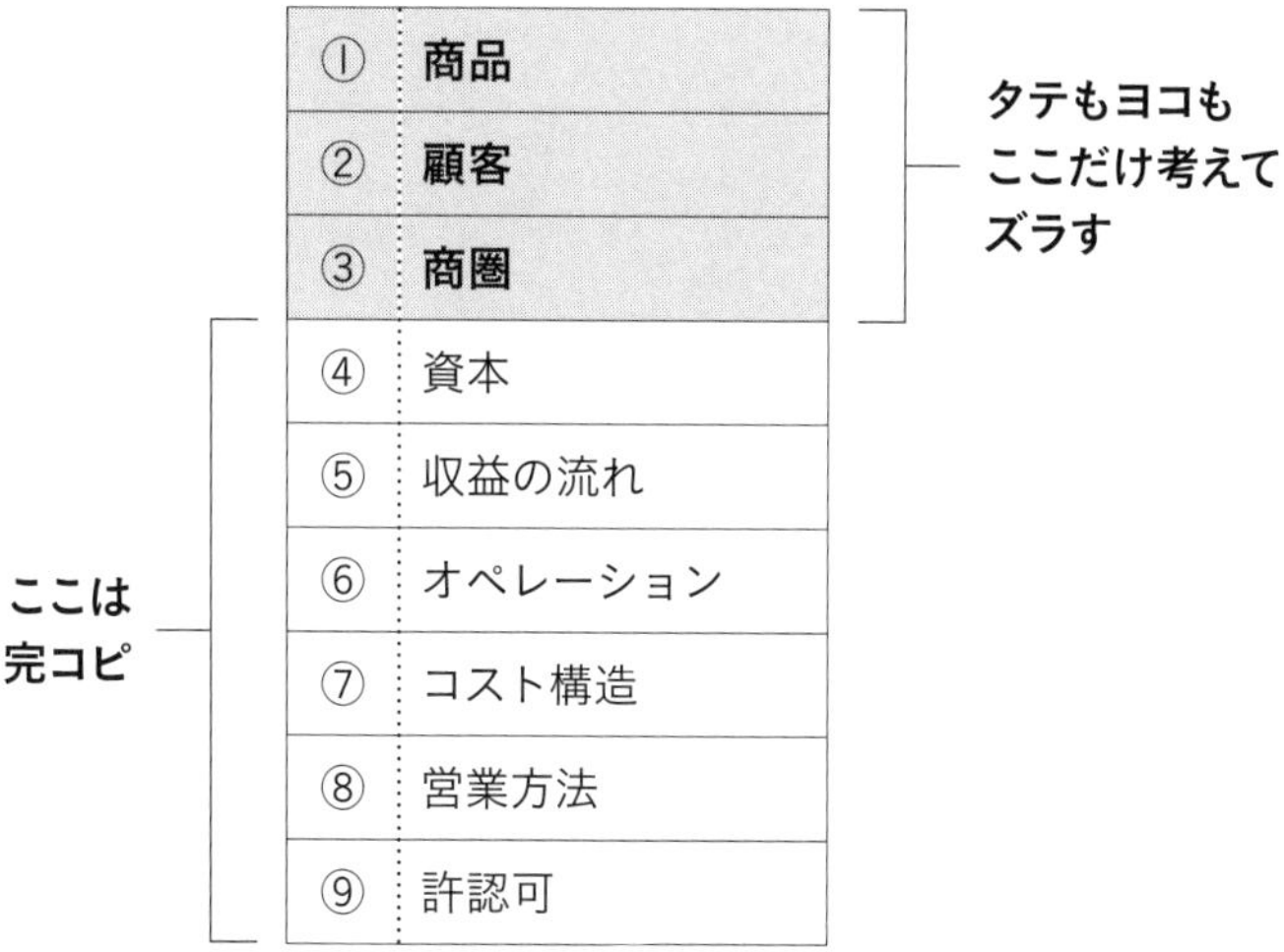

市場とは買い手と売り手の集まりを言います。競合となる売り手が少ない、または買い手のニーズが多い市場が理想です。タテかヨコにズラすことで、そのような空いている市場に持っていけるわけです。

タテにズラすと、商品、顧客、商圏のどれかが絞られるので、ベンチマークの企業が注力できない市場で戦えます。ヨコにズラせば、ベンチマークの企業がいないエリアで戦うことができます。

「第3章で9項目をピックアップしてコピーしたのに、ズラす際は商品、顧客、商圏だけ考えればいいのか？」という質問がありそうですが、答えはイエスです。すでにいい結果が出ている検証結果はありがた

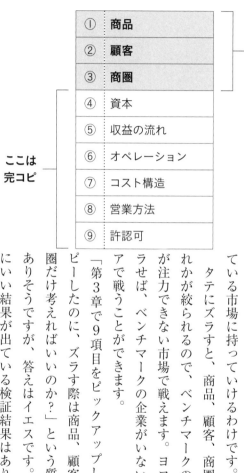

く再利用し、自分ではコストと手間のかかる検証作業を極力なくすのが本書の考え方です。

新しい市場と古い市場

空いている市場と聞いてイメージしやすいスタートアップ界隈。新たなアイデアや商品、サービスを開発して市場に投入する企業や個人を言うスタートアップですが、厳密に言うと新しいのは市場です。そういう新しい市場では大手が市場を網羅することができず、たくさんの市場が空いているのでチャンスと言えます。

また、大手は訴訟問題を抱えるとリスクを負うことになるので、おいしいとわかっている大きな市場以外は新しい市場にいきなり参入してこない面もあります。どこか若い企業に地慣らししてもらい、そこに市場があるか？　大きな問題はないか？などを確認してから、あとから参入（場合によっては買収）するのが一般的です。実は、大手でさえもリスクをとらない本書の戦略をとっているのです。

空いているのは新しいがゆえに、競合だけではなく、顧客にも認知されていません。少し抽象的ですが、大きな市場があることを確認したあと、周辺の空いている市場をねらうのが新しい市場の基本的な戦略としておすすめです。

たとえば、iPhoneそのものを流行らすのはむずかしいですが、iPhoneが認知されたあとに、ソフトや周辺の空いている市場をねらうのです。今ならChatGPTがAI市場をたしかなものにして認知されたので、周辺の網羅されていない市場が空いています。志が高く、一番大きな流れをつくりたいという気持ちはわかりますが、天才以外に成功する確率はきわめて低いので本書ではおすすめしていません。

一方、斜陽産業と言われる業界をはじめとした古い市場は成熟しており、広がっていく可能性は少なく、残っているパイを取り合うのが一般的です。そのため、将来性だけを考えれば新しい市場が有利に思えますが、古い市場でもチャンスはいくらでもあります。市場が混雑していたとしても、それでも空いているところがあるかを考えます。たとえば、美容院や整体院はコンビニ並みにあると言われており、その意味では混雑している市場ですが、今でも日本国内での出店が多いのは、まだ空いている市場がある証拠です。業界内にいるからこそ見える、空いている市場はいくらでもあり、古い市場でもチャンスはいくらでもあるわけです。また、日本を出てガラガラに空いている海外市場で大成功している人もたくさんいます。

タテにズラす（細分化する）

最初にタテにズラす方法から見ていきましょう。タテのズラし方は3つあります。

- **商品の細分化**
- **顧客の細分化**
- **商圏の細分化**

この中から一つだけ細分化します。**変更要素は一つ**です。なぜ一つかと言えば、すでに結果が出ているビジネスを変更するにあたって、変更要素を一つとしておけば、結果が出なかった際に原因が明白になるからです。これは、後述するヨコにズ

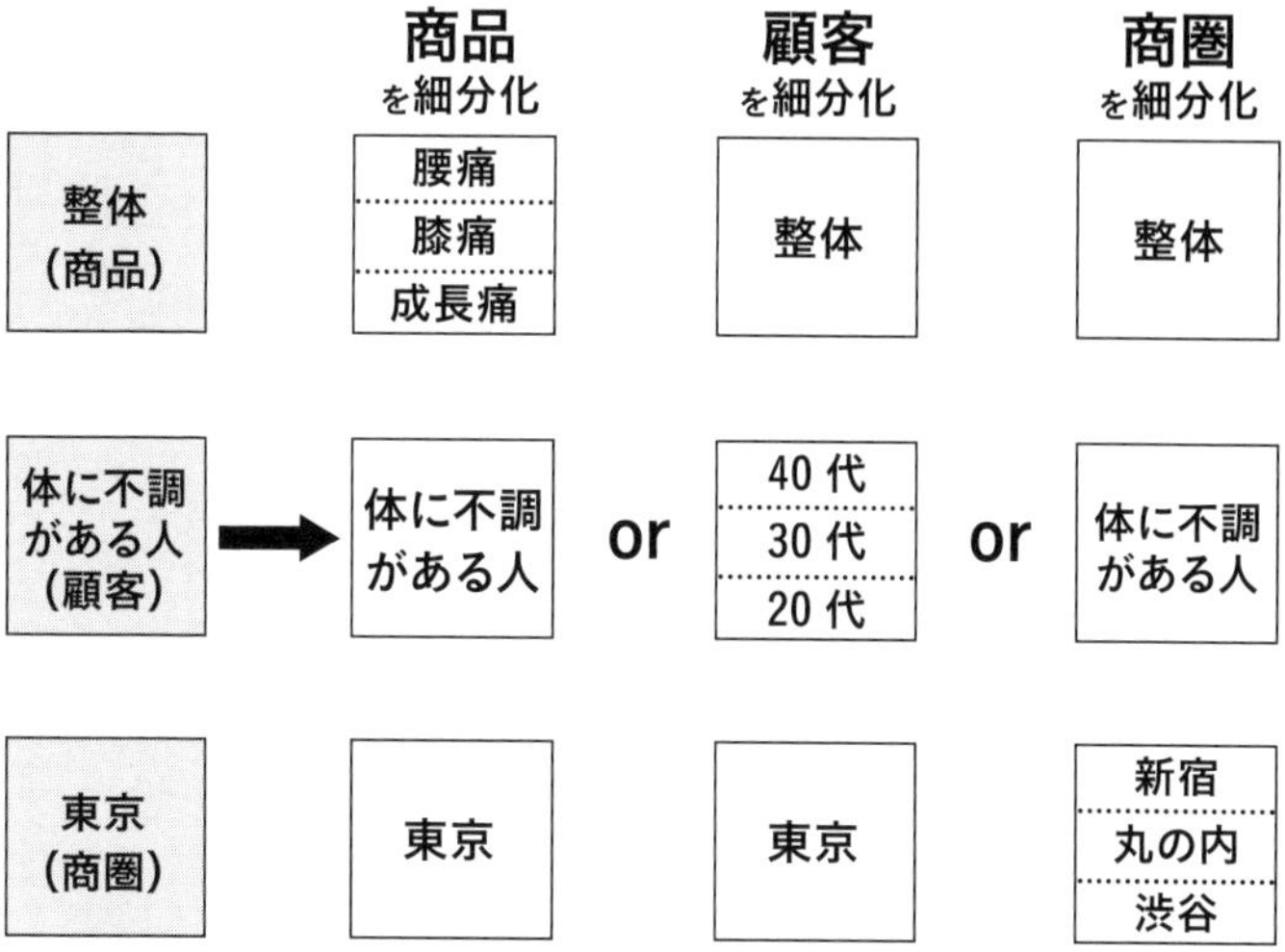

ラす場合も同じです。「とっていいリスクは一つ」。これは**絶対的な原則**です。

商品の細分化を例に、細分化がどんなものか見てみましょう。

整体師は手技による施術で患者の体の痛みやコリ、だるさといった不調を解消するのが基本です。どんな整体師も行うことは同じですが、ここから腰痛専門や成長痛専門など、ある一つの専門を前面に出して特徴づけるのが細分化で、そうすることで、体の不調という商品の見せ方を変えているのです。もし成長痛の分野の専門家がおらず、そしてそこにニーズがあるならば市場を独占できるでしょう。

学習塾の場合は、総合学習塾をはじめ、

補習塾、進学塾とおおまかに分けられますが、さらに東大専門、早慶専門、医学部専門などにフォーカスしている塾もあります。

細分化のメリットは、自分の**リソースをより効果的に使うことができる**こと。ピンポイントで広告を打てたり、ある商品に特化した技術力を上げられたり（ノウハウが貯まる）、パフォーマンスが上がるのです。また、ターゲットが絞られるとニーズがより直接的にわかるようになり、そのマーケットで1位を取れば、問い合わせの件数や選ばれる確率がグッと上がります。その結果、事業を拡大していく際、後述するヨコにズラすのも容易になります。

すでにマネられるレベルからさらに細分化するので、リソースをより狭い範囲に集中できる。それゆえ、**細分化すればマネできるのではダメ**で、細分化する前の時点でマネできないといけません。ベンチマークに強みが似ていて、スキルや資本の両面でマネできる。そこからギュッと絞った市場で戦うから勝てるわけです。

次は、商品、顧客、商圏の細分化について具体例とともに考えていきましょう。

商品を細分化する

整体師はメニューを細分化しましたが、病院にも総合病院をはじめ、内科、外科、消化器内科、耳鼻咽喉科など、専門によって診療科目が細分化されています。東京など都心になれば、レーシック、レーザー治療、花粉症など一部門に特化しているところも少なくありません。

整体院ではよく「有名人の◯◯さん、オリンピックで金メダルを取った△△選手が来店！」といった文句を掲げるところがありますが、それを鵜呑みにして「有名人に来てもらいたい、インフルエンサーに紹介してもらおう」と考えてしまったら、それは大きな勘違いの可能性が高いです。なぜその整体院にお客さんが来ているのか、本質を見誤っているかもしれません。なぜなら、「何が強いのか」を明確にしていないからです。うまくいっている整体院はもれなく細分化をしっかり打ち出しています。「体の不調に困る患者さんを救いたい」といった想いだけを掲げているところもあやしいと判断できます。整体院は商圏が小さいので、選ばれる理由をしっかり抽出した上で、細分化をすることが大切です。

もう一つ例を挙げましょう。テレビやラジオで法律事務所のＣＭを見たり聴いたりしたことはないでしょうか。ひと昔前は過払金に対する返還請求に特化したＣＭを流していましたが、それがいつからかＢ型肝炎の給付金請求に変わりました。時勢に合わせて、ニーズのある見せ方に変えています。整体師のように、扱う商品は同じでも、細分化して見せ方を変えています。

顧客を細分化する

ターゲットとなる顧客を年齢や性別などで絞るのが顧客の細分化です。街中でよく見かけるスポーツジム。さまざまな企業が参入していますが、日本最大級のコナミスポーツクラブには幅広い層の利用客が訪れます。ゴールドジムはアメリカを中心として展開しているトレーニングジムで、総合型ではあるものの、ウエイトトレーニングマシンの設備が充実しています。つまり、筋肉重視の人をターゲットにしています。他方で、カーブスは女性専用のフィットネスジム。50～60代の利用者が多いそうです。

このようにジムといっても通う理由は人それぞれ違います。そこに特化することで、さまざまなタイプのジムが存在しているのです。

商圏を細分化する

商圏はターゲットがいるエリアのことでしたが、それは集客できる範囲とも言い換えられます。範囲を絞るのがどんなことか、恋愛を例に考えてみましょう。どんな学校にも、「学校一かわいい子」がいますが、だからといってその子が絶対的にモテるわけではありません。野球やサッカーといったスポーツ部の部長とマネージャーが付き合うのはよくある話ですが、これは学校という広い商圏ではなく、クラスや部活など細分化された商圏で戦っているからです。

学校という広い商圏では勝てなくても、クラスや部活といった狭い商圏に細分化することで勝機が見えるわけです。

「タテズラしの流れ」

細分化のコツを理解したら、実際のタテズラしのプロセスを注意点とともに見ていきましょう。

①商品、顧客、商圏のいずれか一つを細分化する
②別の商圏（顧客層が同じで、市場規模と構造が類似している場所）で同業種が成り立っているかチェックする
③競合と比較して優位性があるかチェックする

①商品、顧客、商圏のいずれか一つを細分化する

細分化は際限なくしていいのではなく、あくまでも**市場が成り立つ規模まで**が基本です。そもそも市場は大きいほど有利です。１０００人規模の商圏に飲食店が１００もあっては埋もれてしまいますが、１万人規模の商圏であれば、存続できる可能性は高まります。

ですから、まだ世の中に存在しないレベルまで細分化してしまうのは避けましょう。需要がないところに絞り込んでも意味がありません。整体師は腰痛の需要はあっても、突き指専門だとニーズが小さすぎて、市場が成り立つ規模はむずかしい

かもしれません。需要が成り立つ範囲まで、が基準です。

②別の商圏（顧客層が同じで、市場規模と構造が類似している場所）で同業種が成り立っているかチェックする

何を細分化するにせよ、この時点ではまだ仮説です。したがって、いきなり事業をスタートするのではなく、検証をします。ここまで繰り返し「仮説・検証はできるだけしない」とお伝えしてきましたが、このあと紹介する２つだけは検証してください。

一つが細分化したビジネスが同規模経済圏で成り立っているかの確認です。同規模経済圏は、（ベンチマークや自社がいない）別の商圏のこと。自社と同業種でも親和性のある企業でもいいので、別の商圏でビジネスが成り立っているかを確認します。「ほかで成り立っているから、ココ（自社のいる商圏）でもやれる」と確認して戻ってくるイメージです。

このとき、同規模経済圏における競合他社の数はそれほど気にしなくて大丈夫です。目的は検証と裏付けなので、１社しかなければ検証できる上に今後展開してい

くチャンスが多い（供給がまだ少ない）と判断できますし、逆に3社も4社もあればそれだけ仮説の正しさを証明する、多くの裏付けが取れることになります（次ページの図）。

たとえば、東京の病院なら診療科目をグッと絞ることができます。そのほうが検索にひっかかりやすいですし、患者さんも選びやすくなります。実際、東京・日本橋には痔を専門にした肛門科があります。特に女性は肛門科を受診するのをためらうので需要がかなりあるそうです。これと同じことをしようと思ったら、オフィスワークする女性が多い地域、札幌や福岡でも成立するか調べればいいのです。

もし同じ商圏ですでに成り立っている（弱い）他社がいれば、必ずしも別の商圏を見にいく必要はありません。ただ成長戦略を考えると、別の商圏を見ておくこともおすすめします。

こちらはナンバー1企業をベンチマークしている＝より強い勝ちパターンで勝負するので、別の商圏の競合他社にも勝てる可能性が十分高いです。したがって、今後の拡大を見据えて、あらかじめ同じ規模で成り立っている商圏を把握しておくことをおすすめしたいわけです。

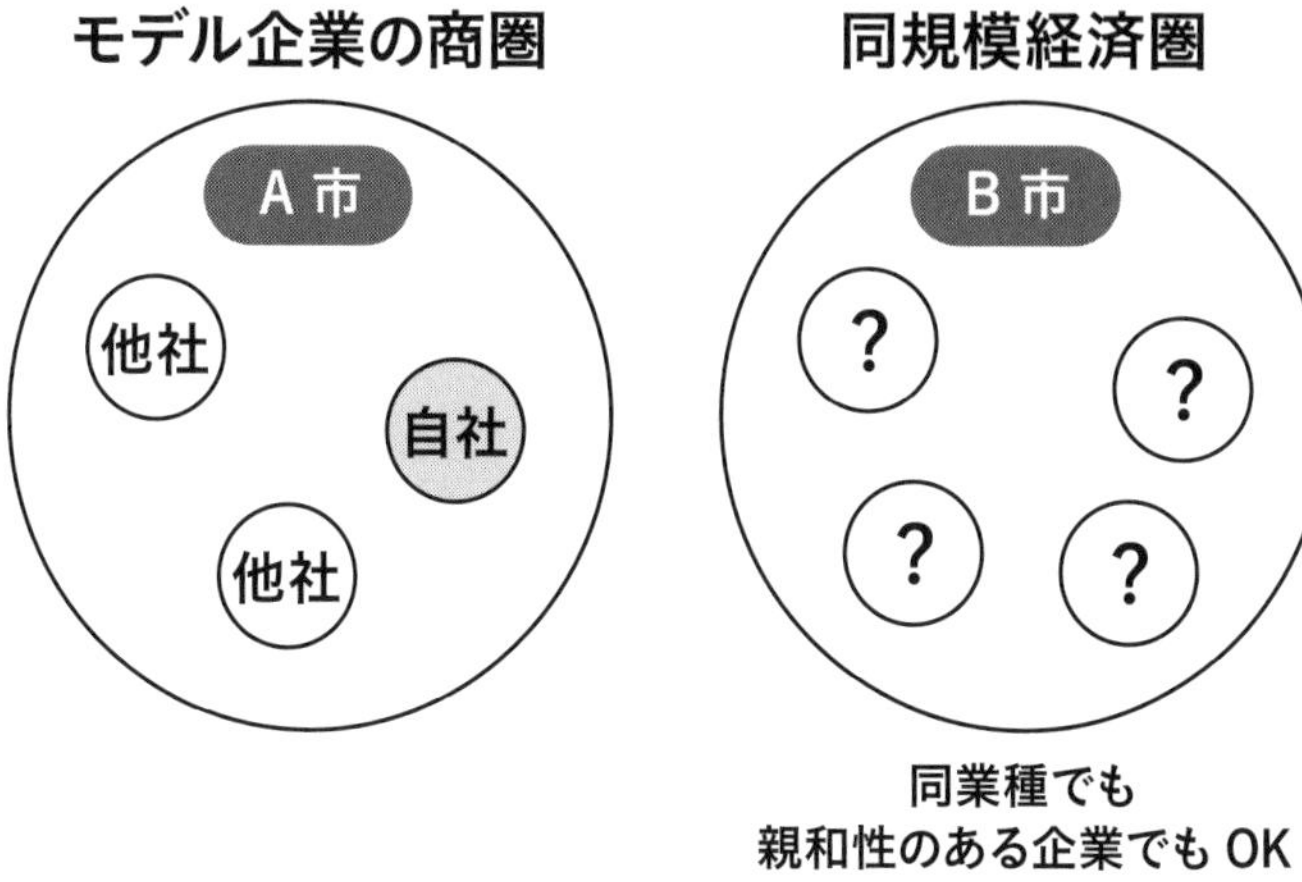

③競合と比較して優位性があるかチェックする

もう一つの検証が、自社の商圏にいる競合他社に対して自社が勝っているかの確認です（もちろん、他社がいなければラッキー）。競合を調べるときは、**その会社が選ばれている理由**を観察します。それが商品力なのか、価格帯なのか、政治関係なのか……成功しているビジネスを細分化しているので、基本的には勝てる事業計画を持っているはずです。もし、勝てないと判断したらほかの商圏を検討するか、そもそもベンチマーク先の選定を間違えていた可能性もあります。

競合のクリーニング店が大手工場から従

業員分の受注を取っていたとします。競合店よりスピードも早く、価格も安ければ、顧客を取れると判断するかもしれません。ところが、その工場にキックバックを渡しているとしたら？　受注先の工場が従業員から料金を徴収していれば、多少の商品力や価格差は問題にならないでしょう。そのような場合はいくら価格を下げても、サービスの質を上げられたとしても、勝てる見込みは薄くなるので、ほかを当たらなければなりません。

以上、２つのポイントを検証し、勝てると判断したら事業をスタートさせます。これがタテズラしの流れです。

「ヨコにズラす（別の商圏に持っていく）」

ヨコにズラすとは、商品を別の商圏に持っていくことですが、厳密に言うと２つのパターンがあります。

一つは、**同じ商品を別の商圏に持っていく**こと。

もう一つは、**商品のエッセンスを抽出したものを、別の商圏の商品に当てはめる**こと。

そして別の商圏とは、（タテズラしする際にも出てきましたが）**顧客層が同じで、市場規模と構造が類似している場所**を言います。、商圏＝顧客がいるエリアは、リアルな物件の周囲の状況（立地や競合店など）だけでなく、ネットでも商圏という概念はあるので、ヨコにズラすことができます。たとえば、フリマならYahoo!フリマ（Yahoo! Japan）、メルカリ（Mercari）、楽天ラクマ（楽天）、ヤフオク！（Yahoo! Japan）、モバオク（Mobaoku）のほか、eBayや閑魚（シェンユー）など海外も含めて多数のフリマアプリが存在しますが、それぞれ別の商圏ととらえることができます。

「同じ商品を別の商圏に持っていく」

最初の「同じ商品を別の商圏に持っていく」パターンから解説していきましょう。ベンチマークと同じ商品を、顧客層が同じで市場規模と構造が類似しているところに持っていくわけですが、このパターンは私たちの身近にたくさん見つけることができます。たとえば全国の観光スポットの近くには、長野県の旧軽井沢銀座通りや神奈川県の鎌倉小町通りなど、必ずと言っていいほど専門店が並んだストリートがあります。その土地の素材を使ったソーセージやオリジナルのキーホルダー、ハンカチなど、食べ物から雑貨までさまざまな商品が売られていますが、ターゲットはすべて同じです。

ということは、もし軽井沢で流行っているお店を見つけたら、顧客層が類似している箱根や鎌倉といった別の商圏に持っていけるか調べてみる。すると、どこか空

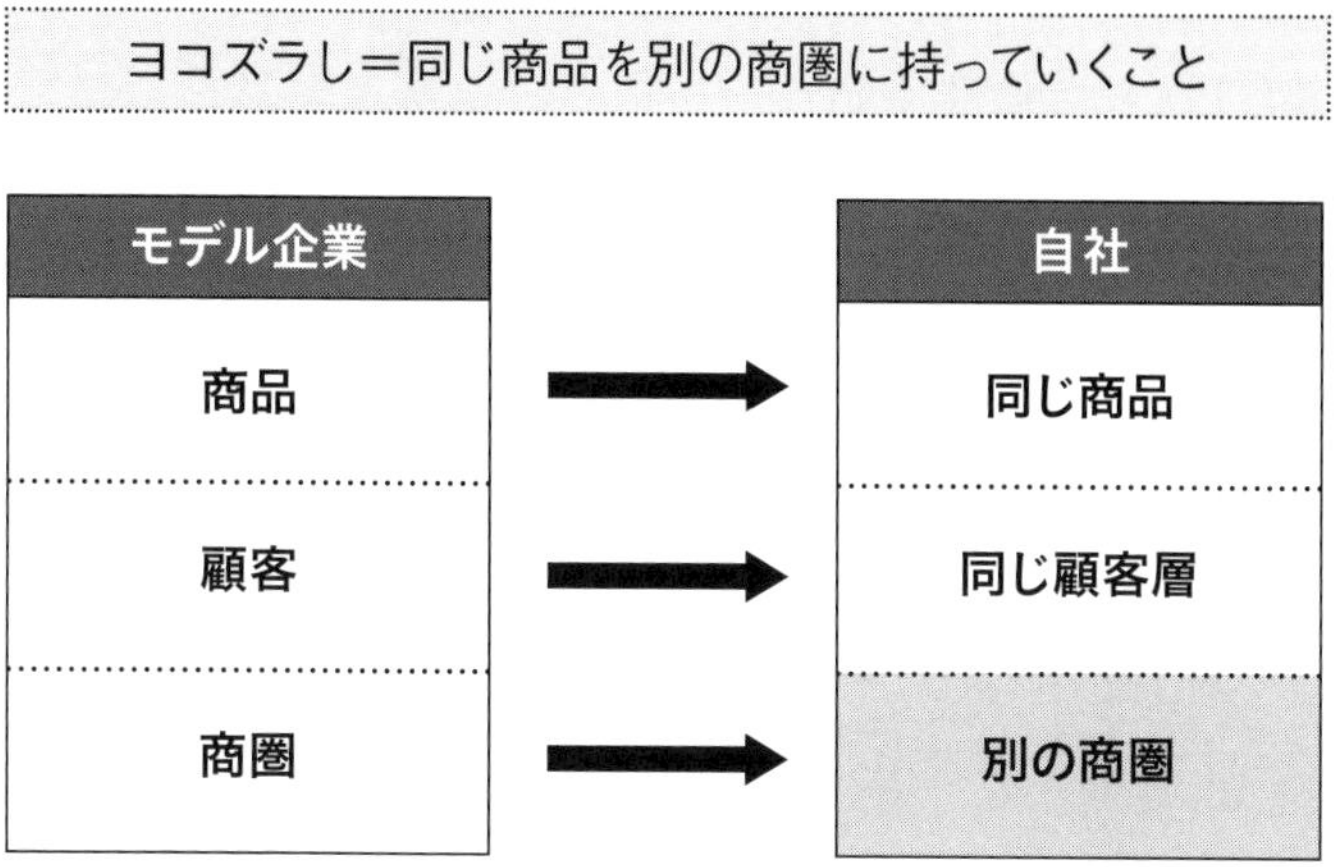

いている場所が見つかるでしょう。

整骨院のホームページはなぜ同じ？

整骨院のホームページはどこを見てもデザインが似ていると思ったことはないでしょうか。これは同じフォーマットを使用したパッケージになっているためです。一度作ってしまえば、必要事項や写真を入れ替えるだけなので、原価はないようなものです。もちろん、アクセス数を稼げるこのフォーマットが顧客に選ばれる理由であり、それをどんどんヨコにズラしていっているだけです。同じホームページでも、整骨院はそれぞれ商圏が違うので問題ありません。

グーグル検索は位置情報が加味されるので、自分のエリアの情報が表示されるからです。Ｗｅｂ制作会社は同じフォーマットでどんどん違う商圏の整骨院に営業し、顧客を増やすだけでいいわけです。

古い市場でズラす

地元の北海道で機械器具設置工事を行う会社を立ち上げ、短期間で成功を収めた経営者がいます。もともと理工系で機械に明るかったその人は、電気職人をしている父親と話していたとき、北海道の建設業界で機械設備の需要があることを知りました。

古い業界で参入するのが一見むずかしそうですが、土地にも業界にも明るかったため、ビジネスの展開は容易だったはずです。

現在の建築業界は慢性的な人手不足で大工、とび、左官工といった職人の需要は高いですが、機械器具の設置工事をする会社は需要がさらに高かったのです。完成している機械器具の現場設置であれば、大工やとびの扱いになりますが、建設現場で機械器具を組み立てる場合は機械器具設置工事の扱いになります。エレベーターやエスカレーターの設備工事がその一つ。専門のオペレーターが必要なのです。その供給がまったく足りていなかったわけです。これは業界に精通していたからこそ見える需要だと思いませんか？　古い市場であっても、いくらでも空いている市場はあります。

新幹線の開通やニセコバブル、（消滅してしまいましたが）札幌オリンピックなど、北海道への投資は多く、需要に対して機械器具設置工事の供給が追いついておらず、結果として2030年まで仕事のスケジュールがつまっているそうです。

新しい市場でズラす

同じ商品を別の商圏に持っていく方法は、すでにあるビジネスをほかの市場に持っていくという点でタイムマシン経営と同じです。海外で成功したビジネスモデルやサービスを日本に持ち込んで展開するタイムマシン経営は、ソフトバンクグループの孫正義社長が命名したと言われています。孫正義さんは投資先の一つであったアメリカのYahoo!社に可能性を感じ、1996年に日本でヤフーを設立しました。まだインターネット黎明期だった時代のことです。

そのほかの例を挙げると、1927年にダラスでアイスハウスの店舗として創業した「セブン‐イレブン」。のちに全米に広がっていきますが、イトーヨーカ堂がライセンス契約によって日本に持ち込み、これが日本のコンビニチェーンのはじまりとなりました。もっと最近で言えばクラウドファンディングも、もともとアメリカから日本に持ち込まれたものです。

ただし、タイムマシン経営のポイントは**半歩先のビジネス**を持ってくることです。新しい市場は競合にも顧客にも認知されていません。情報格差がメリットとしてもデメリットとしても働いてしまうのです。したがって、顧客が理解しやすい商品にしなければならないので、先に進みすぎた商品は体力のある会社に任せましょう。小規模事業者はすぐに理解して購入してもらえる半歩先のビジネスでなくてはなりません。

「新しすぎて、当時は誰も理解してくれなかった」

よく成功者のインタビューで聞くセリフですが、言い換えればマネタイズまでに時間がかかったということです。カッコイイですが、マネしてはいけません。

さて、ここまで説明して気づいた人もいると思いますが、**同じ商品を別の商圏に持っていく戦略はフランチャイズ戦略とほぼ同じ戦略**です。違いは他人にお膳立てしてもらうのか、自分で立ち上げるかの違いだけです。フランチャイズビジネスは、本部と契約したオーナーが加盟店として店舗を経営します。たとえ経験がなくても、本部のブランドやノウハウを利用できるので、比較的簡単に開業できると言えます。

暖簾分けも同様です。長年、修行した人が新しくお店を出す際、同じ屋号を名のらせたり得意先を紹介したりするのは、顧客と商品をそのままほかの商圏に持っていくことにほかなりません。

フランチャイズの注意点は、店舗が選ばれている理由がブランド力や宣伝力の強さの場合、フランチャイズに加盟することでしか横にズラせないこと。そのため、顧客に支持されている理由を明確にすることが非常に重要です。

また、デメリットを挙げるなら、元締めにロイヤリティーを払うのでスピード感はあるものの、金銭的な手残りは少なくなること。自分でやる才覚がないと自覚していて、なおかつ良心的なフランチャイザーを見つけられるなら、加盟するのも一つの手です。

「顧客に支持されている理由は何か?」

次はヨコズラしのもう一つのパターン「商品のエッセンスを抽出したものを、別の商圏の商品に当てはめる」を見ていきますが、その前に一つ、とても大事なことを押さえておきましょう。それは、ベンチマークの企業が**顧客に支持されている理由**を理解すること。これはタテズラし(細分化)や、前項まで説明してきた「同じ商品を別の商圏に持っていく」ヨコズラしのパターンにも当てはまることです。この本質をとらえそこねると表面的なモノマネになり、どこにズラしても顧客に選んでもらえません。

牛丼チェーンの吉野家にはなぜお客さんが来るのでしょうか。多くの人は「吉野家だから」来ているのです。吉野家というブランドで来店しているのであって、「牛丼」で来ているのではありません。吉野家を見て「牛丼がウケる」と勘違いして、まだ牛丼店が出店していない地域を探してもその苦労は徒労に終わります。

YouTubeで24時間ライブ配信をすることで話題になった弁当屋があります。それを見て、「お客さんが来ているから近くに弁当屋を出そう」「そのお店は茶色系のボリュームある弁当だから、差別化で健康系に絞ろう」と考えたのか、すぐ隣に健康に配慮した弁当屋を出店し、長続きせずに撤退したことがありました。隣に出店しておこぼれをもらおうという戦略だったのでしょうが、選ばれている理由が立地のよさであるなら、それでもよかったかもしれません。しかしこの場合は、24時間のYouTube配信でファンを作ったことがその理由でした。

このように、本質を理解しないままなんとなくズラしてしまうのは危険です。その最たる例は流行りやわかりやすいテクニックで、これらは顧客に支持されている理由にはなりません。一見、派手でわかりやすいために手を出したくなるので、注意が必要です。

あるWebマーケターは「インスタに写真を上げるとき、光の当て方で売り上げが変わる」と言います。たしかに光の当て方を工夫することで、商品の見栄えがよくなり、売り上げに貢献してくれるでしょう。しかし、あくまでも表面的なテクニックに過ぎず、本質をとらえているものではありません。この発言を馬鹿正直に受け取ってしまうと、「あ、光の当て方を変えれば売れるようになるんだ」と勘違いしてしまいます。自社や競合他社の商品のどこに顧客は価値を感じているのか？

本質に目を向ければ、それがテクニックにはないと理解できるはずです。

第1章で説明したとおり、コンサルタントはポジショントークに優れています。自身のウリを最大限に生かそうとしますし、トークも練られているので惑わされることもあります。

売り上げが立たないとき、商品がただ人目に触れていないパターンもあれば、商品のクオリティーを改善しなければならないパターンもあります。つまり、何度も検証が必要になります。検証すればまだいいほうで、「商品が間違っているのではないか」「今はSNSをやらないといけない」と、適当な打ち手から手当たり次第試してしまうことだってあるでしょう。すると思考の迷路に陥ってしまい、安定した売上アップへ遠回りをするはめになります。

だからこそ、**成功している企業をモデリングしないといけない**のです。成功しているところは営業手法もちゃんとしています。インスタを毎日投稿しているかもしれませんし、逆にインスタは一切やらずにＦＡＸで営業しているかもしれません。

表面的なテクニックに惑わされず、すでに立証されている結果だけを利用し、自分では検証というリスクと手間は負わない。ひたすら成果に直結していることだけを実践するのです。

「商品のエッセンスを抽出したものを、別の商圏の商品に当てはめる」

ベンチマーク先が顧客に選ばれている理由――そのエッセンスを抽出することを

しっかり意識したら、別の商圏（顧客層が同じで、市場規模と構造が類似している場所）の商品に当てはめましょう。

正直に言うと、エッセンスの抽出ができるかどうかは個人の観察力次第でだいぶ変わります。それでも、自身がその業界について深く知っていればいるほど、かぎりなく本質に近いポイントを見抜くことができるので、有利と言えます。これは第2章で解説した業界についての知識・経験にも関連していて、業界の知識や経験が乏しいと、顧客から選ばれている理由はなかなか見えないのです。

それでは、抽出したエッセンスをどうやって別の商圏の商品に当てはめるのか、ここから具体的な事例で見ていきます。

私の友人は、クルーズ船の寄港地にドレスショップを展開しています。船内では毎晩パーティーが開かれるので、ドレスのニーズがもともとあります。そこにご当地の生地や柄でドレスを作ることで、お客さんはクルーズ船で観光に来た気分にな

エッセンスを抽出してズラす

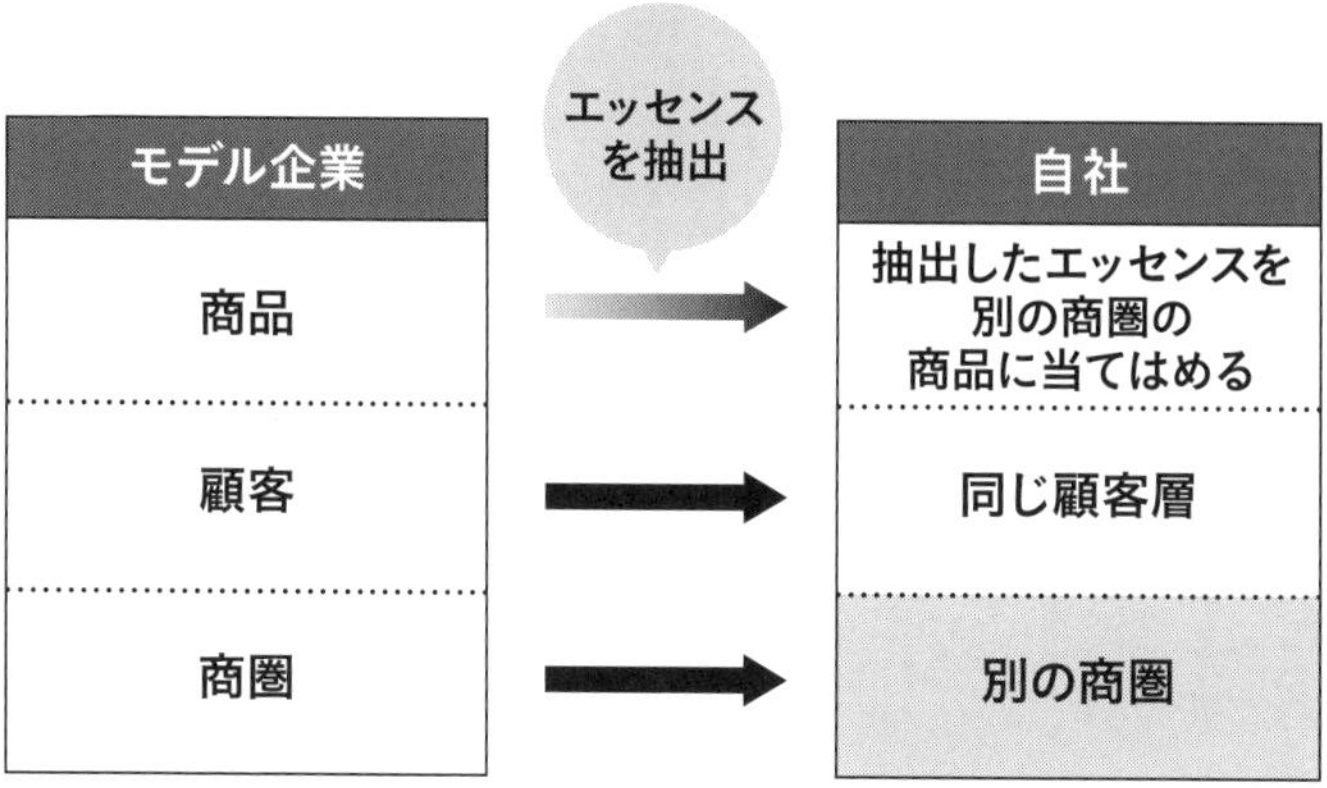

れるわけです。ゼロから新しい商品を作るのではなく、「パーティー用のご当地ドレス」というコンセプトを抽出し、その土地ごとの商品を作っているだけですが、多くの観光客に支持されています。同じような戦略に、ご当地キットカットや、カルビーのご当地ポテトチップスなどがあります。これらは、一度は目にしたことがあるでしょう。

そのほかエッセンスを落とし込んだ商品は、マクドナルドでも見つけることができます。１００以上の国と地域で展開しているマクドナルドは、その国や土地柄に合わせたアレンジを施しています。

日本で1989年に販売されたてりやきマックバーガーはその一つ。ハンバーガーに日本人になじみ深いてりやきソースというエッセンスを持ち込みました。このように、現地でよく使われている調味料を使うのも、一つの例として見られます。

広島にある広島風お好み焼きを大阪にズラしてみると？

大阪でお好み焼き屋を始めようとしている人を例に実際に考えてみましょう。ベンチマークに選んだのは「ご当地グルメ」というカテゴリーで親和性の高い広島風お好み焼きで成功しているお店です。まずは、そのお店がなぜ選ばれているのか？どんな価値ある差別化をしているのか？を分析します。

それはにんにくをたっぷり使った味なのか、盛り方が映えるのか、激辛なのか……そしてエッセンスを抽出したら、それを大阪風お好み焼きに落とし込めばいいのです。

「ほかの商圏って、ベンチマークのいない場所のことでしょ？」

「大阪風お好み焼きのお店は大阪市内にたくさんあるから、空いてい

広島焼きで考えると?

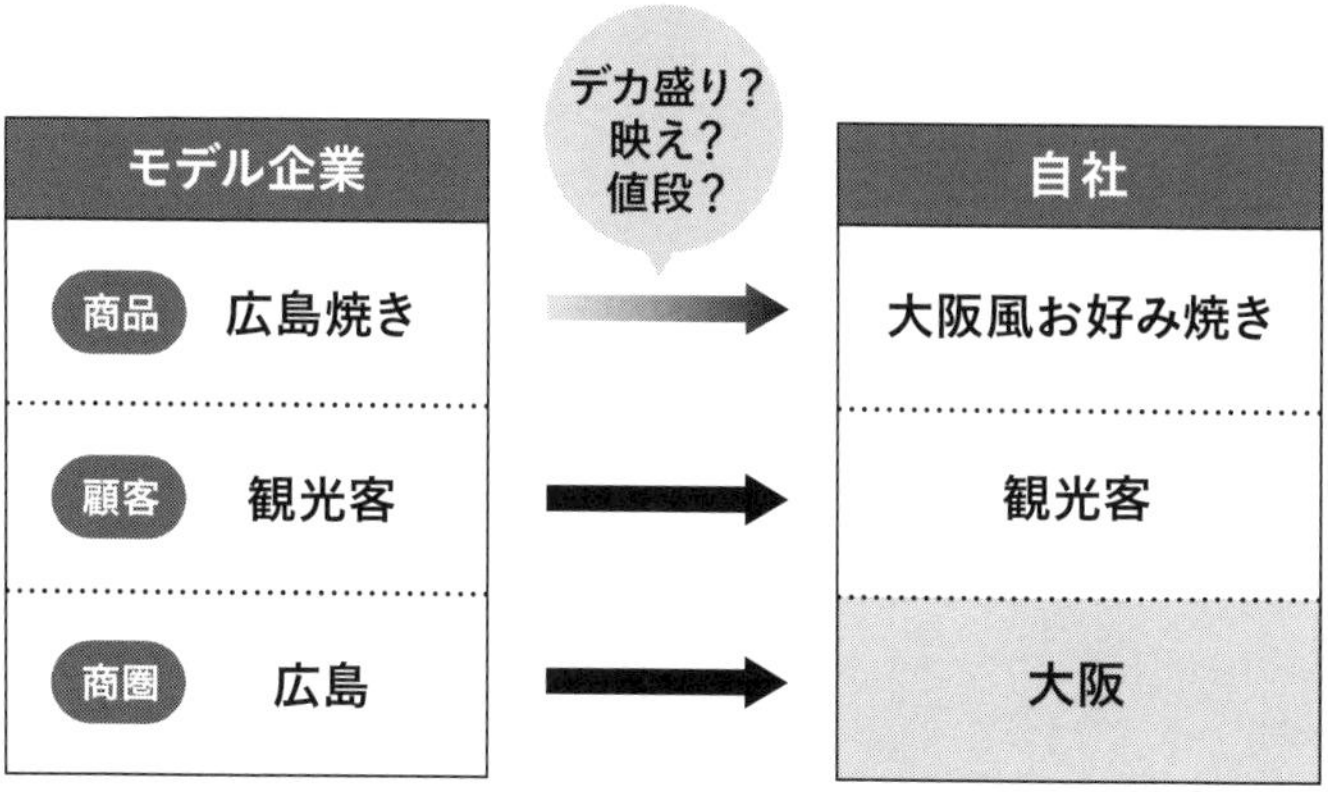

る市場と言えないのでは?」

こんな疑問をお持ちになるかもしれませんが、大阪風お好み焼きのようなご当地グルメは、店舗が多いほうが活性化し、結果として市場は大きくなります。もし大阪に行ったのに大阪風お好み焼きのお店が1軒しかなかったらさびしく感じるでしょう。何十店舗もあるから楽しいわけです。競合がいくらいようと差別化してナンバー1になればいいだけです。

そしてナンバー1になる戦略として、ほかのエリアで成功している事例をベンチマークし、ズラして持ってくれば、結果として競合に勝てる可能性が高くなる、というわけです。

一つ注意したいのは、広島風お好み焼きを大阪に持ってくることはできない点です。一見、観光客という同じ顧客層をイメージするかもしれませんが、広島に来る人は広島風お好み焼きを求めても、大阪に来る人は広島風お好み焼きを求めないからです。


商品があらかじめ決まっている、またはすでに起業しているものの、うまくマネタイズできていないケースでもこのヨコズラしは有効です。たとえば、伝統工芸品。経済産業省によると、令和2年度の生産高は870億円で、平成28年度に1000億円を下回って以降、漸減傾向が続いています。業界として苦境が続いている中で、ほかの伝統工芸品でうまくいっているところを探し出せれば、エッセンスを抽出し、自分たちの作品に落とし込むことが可能です。

狭い業界で生きていると視野も狭くなってしまいます。いったん俯瞰して見る、そして抽象化するというプロセスを踏めば、活路を見出すことができます。

#「ヨコズラしの流れ」

それではヨコズラしのプロセスを注意点とともに見ていきましょう。

①同じ商品を別の商圏に持っていく／商品のエッセンスを抽出したものを、別の商圏の商品に当てはめる
②別の商圏で、同業または親和性の高い企業が成り立っているかチェックする
③競合と比較して優位性があるかチェックする

①同じ商品を別の商圏に持っていく／商品のエッセンスを抽出したものを、別の商圏の商品に当てはめる

商品が顧客に選ばれている理由をできるだけ明確にしてから、ヨコにズラしてください。顧客に選ばれている理由は一つとは限りません。第3章で紹介したチェックリスト9つの項目をよく分析して、表面的なモノマネにならないように注意してください。

また念のため確認しておくと、別の商圏とは、「顧客層が同じで、市場規模と構造が類似している場所」のことです。

②別の商圏で、同業または親和性の高い企業が成り立っているかチェックする

ヨコズラしの実例として最初に挙げた、観光スポットにあるストリートの話を思い出してください。もし長野県の旧軽井沢銀座通りで石鹸屋やタオル屋が流行っており、京都には同じ石鹸屋だけがあったとします。すると、「ここ（京都／ズラし先）は、軽井沢（ベンチマークがいる商圏）と同じ客層（観光客）と市場構造だとわかります。競合となるタオル屋がいなければ、「ウチもやれるよね」と考えられます。

③競合と比較して優位性があるかチェックする

もしも競合がいた場合は、なぜ選ばれているか？を明確にし、自社が優位性を持っているか確認します。勝てると思えば勝負すればいいし、もし勝てないと判断したら、違う商圏を探すか、ベンチマークを変えるか（そもそも弱かったのではないか？）を検討してください。

第3章で作った9つの項目（勝てる事業計画）を完コピするのを忘れずに。もし見映えのいいラッピングがエッセンスだった場合、当然SNSにも力を入れているはずなので、そこまでしっかりマネるようにします。商品力で勝っているからといって、中途半端にマネてしまっては元も子もありません。

また、エッセンスを抽出して落とし込む場合は、厳密にいうとベンチマークが扱う商品とは異なるので、収益の流れやコスト構造は商品によって若干変わります。この点は臨機応変に修正してください。

「ズラし方のまとめ」

ズラす作業は本書でも中心となる部分なので、説明に紙幅を割いてきました。少し長くなったので、あらためてズラし方の流れを簡単にまとめておきましょう。

①ベンチマークを選ぶ

第3章で作成したチェックリストをもとに、分析した企業の中からベンチマークとして1社を選びます。もし途中でうまくいかないと判断したら、いつでもここに戻り、ベンチマークを修正するようにしてください。

ズラす流れ

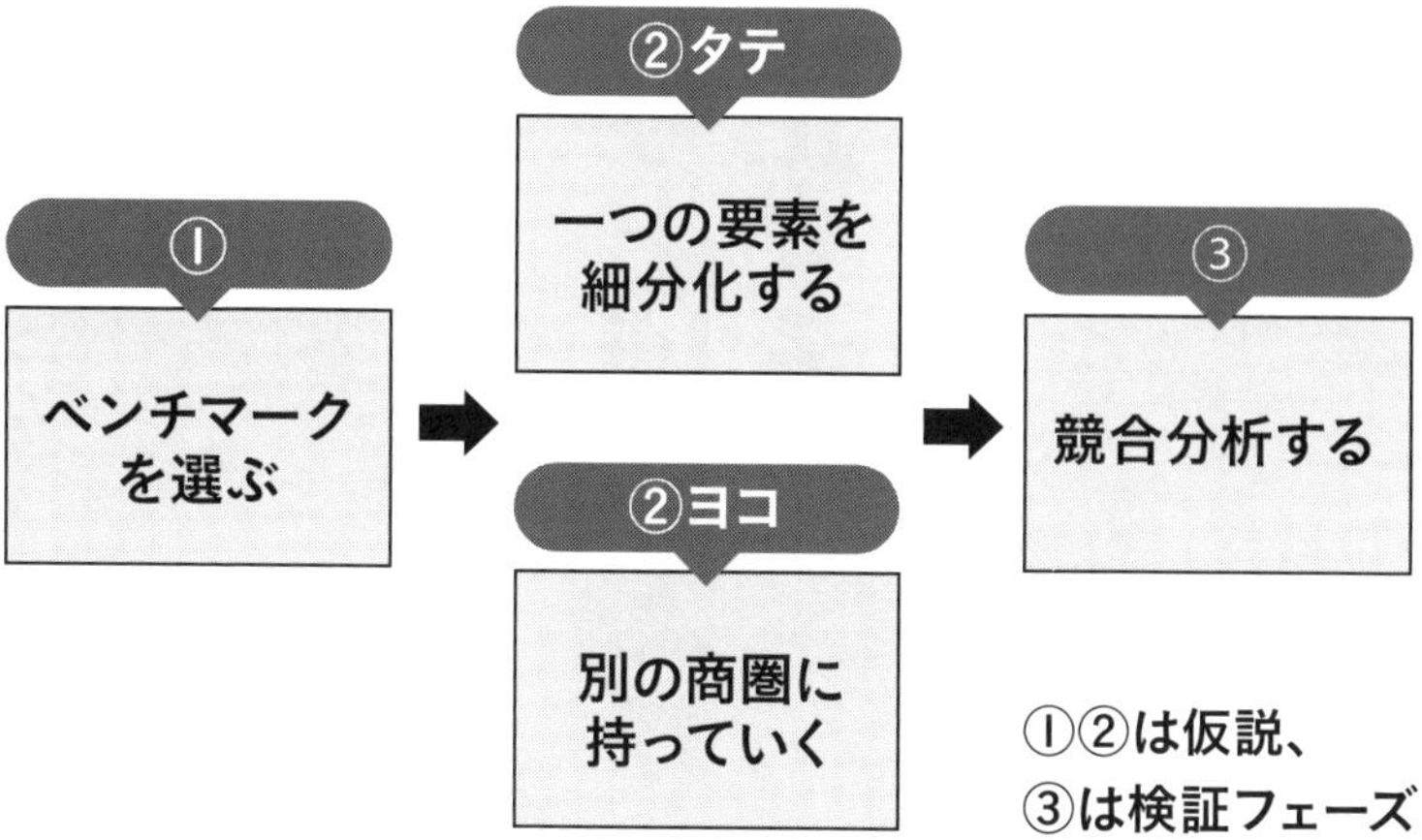

②（タテ）一つの要素を細分化する

商品、顧客、商圏のどれか一つを細分化し、（人的・資本）リソースを集中させて強化します。

②（ヨコ）別の商圏に持っていく

ヨコの場合は同じ商品を別の商圏に持っていくか、商品のエッセンスを抽出したものを、別の商圏の商品に当てはめるか、この2パターンでした。

③競合分析する

自社と競合他社を比較して勝てそうか分析します。この時点で勝てないと判断したら、ほかの市場に持っていくかベンチマークの見直しを検討します。

④事業をスタートさせる

分析結果を受けて、勝てると判断したら事業をスタートさせましょう。

起業するとなったら、ほかにもこまかい事務手続きをはじめ、タスクはたくさんあります。しかし、それは動きながらこなしていきましょう。ここまで説明してきたプロセスをしっかり踏めば、大枠を外す失敗（＝資金のショート）はありません。

「売り上げが上がらないときは修正する」

勝てる事業計画を検証し、実際に起業しても、うまくいかないケースは起こりえます。そんなときは修正が必要です。

そう判断するタイミングはたった一つ。売り上げが上がっていないときです。業種によって1カ月で売り上げが上がる人もいれば、半年、1年かかる人もいます。保険営業で言えば、最初の契約が取れるのは巡り合わせだったりしますし、フリーではなくサラリーマン保険員として下地をつくってから起業しているかもしれません。それぞれ売り上げが上がるタイミングは異なるでしょう。したがって、ベンチマーク先がいつから売り上げが上がりはじめたのかを把握していれば、修正の判断も容易にできます。スタート時点がどうだったのかを調べておくと、あとあと役に立つでしょう。

それでも、ベンチマークと同じ人的リソースと資本リソースでマネしているなら、半年ほどで判断できるはずです。むしろ、半年は様子を見たほうがいいと言えます。口コミの点数の高さなど、積み上げてきた実績は簡単にマネできないからです。これだけは時間がかかります。

これを踏まえた上で、半年経っても「うまくいっていない」と判断したら修正しましょう。

大枠を間違えなければ大丈夫と自信を持ってお伝えしてきたのは、修正が必要な場合でも、その原因を容易に特定できるためです。ふつうの起業は失敗を繰り返して正解のルートを見つけていきますが、我々は勝てる事業計画で戦っているので、失敗するポイントも限られます。

考えられるのは次の3つです。

- **ベンチマーク先をきちんと分析していない**
- **ベンチマークの選択ミス**
- **ベンチマークの選択は正しかったけれど、ズラし方が間違っていた**

ベンチマーク先をきちんと分析していない

まずは、ベンチマークの企業を完コピできていたか、あらためて検証します。一度起業して実際に事業をしてみると市場がよりクリアに見えているはずです。

もし完コピできていれば、ベンチマークの選択か、ズラし方が間違っていたことになります。

ベンチマークの選択ミス

第3章で10の候補を調べ上げました。一つダメだったらほかを見てみましょう。似ている企業を調べているので、戻りやすいはずです。本当に自分の強みとリンクしていたのか、知識・経験のある業界の企業を選んだのか。一つのベンチマークにこだわりすぎないのも大切です。

ベンチマークの選択は正しかったけれど、ズラし方が間違っていた

「もう店舗を構えちゃっているから、商圏は変えられないよ」という人もいるでしょう。そもそも、タテ、ヨコのすべての選択肢から自由にズラし方を選べる人はあまりいません。お客さんが決まっている、もう店舗を構えてしまった、資格を取ったのでそれをベースにした仕事をするしかないなど、「縛りのある中で」ベンチマークを選ばないといけない人がほとんどです。

すでに店舗を構えていたとしても、現在の自分でマネできるベンチマークを探せばいいだけです。当然、ベンチマークできる範囲は狭まりますが、探せば必ず見つ

けられるので安心してください。

「商圏のズラし方を間違えて失敗」

私も修正を余儀なくされた経験があります。本書の冒頭で、私は登山のコーディネート業で起業したとお伝えしましたが、別業種として神奈川県横須賀市にあるドブ板通りに「カフェオリジナルベース」というカフェバーを立ち上げたときのことです。

登山は体力勝負なので、ケガしたら続けられなくなります。そのため、体が動かなくても成り立つ商売をつくろうと思っていました。そこでカフェバーを選んだのです。

当時の私の強みはバックパッカーで培った草の根の海外経験でした。そこから外国人向けのゲストハウスにしようと思っていたのですが、旅館業法などハードルが高かったので、カフェバーに変更。お店の場所に選んだドブ板通りは米軍基地のエリアに位置する商店街で、米軍関係者が多く訪れる土地です。私は札幌出身ですが、父親の仕事の都合で中学、高校時代を横須賀で過ごしていたので土地勘もありました。当然、ターゲットは軍人、大使館に勤めている人などです。強みとリンクしていて、土地勘もある。完璧です。

しかし、ここでミスをしてしまいました。開店から3カ月が経っても、売り上げはかんばしいものではありませんでした。その原因は、ベンチマークの選択を誤ってしまったこと。当時はスタンディングのカフェバーが流行っていたのですが、このビジネスモデルは「利益率が低くて高回転」が特徴です。そして私は会社帰りの会社員を顧客に想定していたので、有楽町のカフェバーをモデリングし、エッセンスを抽出してドブ板通りに持ち込みました。しかし、有楽町とドブ板通りという土地、お客さんは絶望的に相性が悪かったのでした。そもそも有楽町にいる会社員とドブ板通りの米軍関係者では顧客層がまったく異なります。ホワイトカラーやブルーカラーなど、幅広い会社員がいる有楽町をモデリングすべきではなかったのです。**どれだけベンチマークをコピーしても、ズラし方を間違えていたら意味がありません。**

すでに店舗を構えていましたから、商圏を変えるわけにはいきません。そのため、ドブ板通りという条件でベンチマークし直すことにしました。そして、冷静に眺めてみると、あることに気づきました。米軍基地の中にも飲屋街はあるので、基地の中で成立している業態を、基地の外に持ってくればよかったのです。あらためてベンチマークに選んだのは、オフィサーズクラブ。その名のとおり、オフィサー（士官）以上しか入れないバーで、利益率を高めにした業態に変えたのです。中身はそのままですから、見せ方を変えただけです。その後、リニューアルしたお店は超人気店になります。

カフェオリジナルベースでの成功をもとに、さらに事業を展開していくことになりますが、それは第6章で紹介します。

第5章

5人の先輩に学ぶ

1人目

右近倫太郎さん
写真家

ベンチマークは？

2人目

Sさん
保険営業

強みは？

3人目

Ken Yamamotoさん
治療家

優位性は？

4人目

ヨシさん
整体師
農場経営者

モチベーションは？

5人目

大友慧さん
元サッカー選手

注意点は？

「5つのケーススタディーに見るマネ方・ズラし方」

本書では、不要なリスクやコスト、勉強を避ける方法として、「成功している誰かのやり方を、ほかの空いている市場に持っていく」という成功法則を解説してきました。決して才能がなくても、経営学の勉強をしていなくても、自身の強みを把握し、ベンチマークをマネし、たった一つだけズラすことさえできれば、地道に稼ぐことができます。

この第5章では、各分野で成功を収めている5名を紹介します。

・ケース① 写真家・右近倫太郎さん
・ケース② 保険営業・Sさん
・ケース③ 治療家・Ken Yamamotoさん

・ケース④　整体師、農場経営者・ヨシさん
・ケース⑤　元サッカー選手・大友慧さん

それぞれご本人へのインタビュー＋まとめ形式になっています。

まずはインタビューを読み、自身の強みと市場をどうやってリンクさせたのか、ベンチマークは何か、どうやってズラしたのか……など、本書の方法論で分析した上で、最後のまとめで答え合わせをしてみてください。

また、インタビューではやりがちな失敗なども入っています。その点も注意しながら読んでみましょう。


本書で説明してきた内容としっかりリンクしていることがおわかりいただけるはず。どのような業種であっても、シンプルな方法で、確実に、最短距離で稼ぐことができる。5つのケーススタディーを通して、起業への道筋がよりクリアになるはずです。ここで具体的な成功イメージを持っていただきたいと思います。

CASE 1

写真家・右近倫太郎さん

――最初に現在の仕事を教えてください。

右近　ウエディングフォトを手がける「UKPHOTOGRAPHY」という会社の代表を務めています。

――起業する前は何をされていたんですか？

右近　東京都千代田区にあるパレスホテル東京写真室に勤めていました。ホテル内にある唯一の写真スタジオで、ウエディングフォトを撮っていました。

――どのくらい勤務されていたんですか？

右近　2年ほどです。そこで1年以上予約の取れないフォトグラファーになったあと、独立しました。業務フローのほか、パレスホテルのような空間を選ぶお客さんはどういう写真を求めているのかなど、いろいろ学ばせてもらいましたね。

――現在、ウエディングフォトはどこで撮っていますか?

右近　東京駅をはじめ、全国各地や海外など、依頼があるところを飛び回っています。

――東京駅周辺では撮影している人をよく見かけますね。

右近　コロナ禍以降、東京駅の丸の内周辺で同じような写真を撮る人が増えましたね。人を集める結婚式ができなくなったので、結婚式はせず、撮影をウエディングの記念にしようという文化が広がり、そこで選ばれた撮影場所が東京駅だったんです。

――同業他社が増えた?

右近　それまではドレスレンタルだけやっていた業者、ヘアメイクだけを手掛けていた業者などが、撮影も手がけてしまおうと参入して増えたと思います。

特に広告業界からの流入が多い印象ですね。というのも、カメラ性能の向上で割を食っているのが広告業界なんですよ。スタジオ内という決められた環境だと、撮影の差が出にくいんです。だからiPhoneでそれなりの写真が撮れてしまう。自社ビルの会議室で商品やイメージショット、スタッフと、気軽に撮れるんですよね。大きく印刷して出していくのではなく、Webで使うならそれで十分なんです。逆に親近感がわく写真になったりもします。

その一方で、ウエディングフォトでは素人感は敬遠されます。当然ですよね。自分たちのハレの日に取る特別な写真ですから。広告写真はそういう意味で単価が落ち、需要も減っているんです。

——右近さんはどんな写真を撮るんですか?

右近　被写体（依頼者）が風景に溶け込んでいるような写真です。大学生の頃からずっと風景写真を撮っていたので、外が得意なんです。

たとえば、僕は撮影する前に、日没の時間を調べます。なぜかというと、空が非常に美しく染まるマジックアワーと呼ばれる時間帯があって、それが日没30分前から始まるためです。季節によって空の変わり方がだいたいわかるので、3月だったらどんな空になるのか、ある程度予想した上で撮影コースを組んでいます。

ウエディングフォトを撮るようになったきっかけ

——もともとウエディングフォトで起業しようと考えていたんですか?

右近　いえ、ある割烹の料理人と出会ったことがきっかけです。僕は大学卒業後に法人営業としてＡＢＣクッキングスタジオに入社しました。入社後、僕が写真を撮れることが社内で知れ渡り、自分で撮影部署を持つようになって。そこでいろいろな企画を立ち上げて撮影していたんですけど、自分の作りたい作品を１００パーセント実現できるわけではありませんでした。

また、料理写真はライト２つをうしろと横に添えてiPhoneで撮れば、誰が撮ったかわからないんです。僕は誰が撮ったかわかる写真で勝負したかった。このままお抱えカメラマンとして働くのではなく、自分の技術で食べていきたいと考えるようになりました。でも、写真にどうやって価値をつけるのかわからなかったんです。

そんなとき、ある社内企画で西麻布にある割烹の料理人と出会ったんです。

――その出会いが右近さんをどう変えたんですか？

右近　彼は高い付加価値を提供する料理人でした。彼は玉ねぎを１個取り出すと、こう言うんです。「この玉ねぎは１つ数十円だけど、俺は数万円のコースで、何千円の料理として出すんだ。それを可能にするのは俺に技術があるから。だから玉ねぎに何をしてもいいし、お客さんも納得してくれるんだ」と。彼のお店は一人で切り盛りするようなところなんですけど、わざわざ彼の料理を食べに来る人がたくさんいました。もう衝撃的でしたね。自分の写真の価値も無限かもしれないと思って、彼のスタイルをマネしようと思ったんです。

――そしてパレスホテルに？

右近　そうです。付加価値の高い写真はウエディングだと思ったんです。そして、パレスホテルはトップ・オブ・トップのホテルですから、そこで撮られる写真には価値があります。自分がやっていることが価値を帯びる場所だと思ったんです。たまたま採用募集していたので、運よく滑りこめました。

価値ある差別化は可能か？

――最近はカメラの性能が上がり、iPhoneでもキレイな写真を撮ることができるようになりました。差別化するのに苦労しませんか？

右近　カメラの質がいくら上がっても、iPhoneで僕と同じ写真は撮れません。外で撮影すると晴れ、曇り、雨といった天候に左右されますが、僕はどんな天候でもそのときの美しい顔があると知っているので、それを一緒に引き出すことができます。

現場でできることをそのつど見極めて実行できるのが、プロのフォトグラファーなんです。

――プロにしか撮れない写真があるわけですね。

右近 ただ、東京駅での撮影って、もうテンプレ化しているんですよ。どこかで見た風景の前でがんばってポーズを取ってもらうのが関の山なんです。僕は風景写真を撮っていましたから、その背後まで見ることができる。だからどんなシチュエーションでも、たとえ雨が降っていてもキレイに撮れるんです。

今は僕の撮影の仕方をマネする人も多いんですけど、表面的なマネが次のマネを呼んで、伝言ゲームのようにどんどんぼやけていくんです。だから僕の写真が目立つし、結果的にほかの人は安売り競争になって疲弊していますね。ウチの10分の1の価格がふつうにありますから。

――顧客に選ばれるために必要なことはなんでしょうか。

右近 フォトグラファーとしての技術と、自分の強みを掛け合わせることですね。最近は、水中での撮影もこなすようになりました。「水中ウエディングで人魚になってみたい」という依頼を受けることもあるんです。

ただ、水中でウエディングフォトを撮るフォトグラファーはまずいません。ダイビング専門の方がついでに写真を撮ることはありますけど、彼らは泳ぐ専門家で撮る専門家ではありません。僕のように写真家で潜れる人はいない。それに、水中撮影用の機材をそろえるのも相当ハードルが高いんですよ。カメラ本体よりも高いぐらいですから（笑）。

――今後、どのような展開を考えていますか？

右近　今年は個展を開く予定もあり、写真家としての軸を強めていくつもりです。プロフォトグラファーというと、撮影依頼に答えるのが主な仕事ですが、写真家は自分の世界感を売ります。僕はクジラの写真を撮って作品として販売していて、つまりウエディングフォトグラファーと写真家の2軸があるんです。作品が僕のブランディングにもなっていて、「この世界観で撮ってほしい」という依頼もいただきますが、それは「ここまでやっている人に撮ってもらった」と言いたいわけです。だから僕もそれに見合うよう、これからもがんばろうと思います。

まとめ

右近さんは「ＷＰＣ（ワールド・フォトグラフィック・カップ）２０２４」の日本代表フォトグラファーとして選出され、さらにはWORLD BEST10入賞という快挙も達成し、また、ベスト・オブ・ネイション、つまり「全写真カテゴリー総合での日本一の写真家」となりました。日本一の写真家になるまでの過程はこうです。①高付加価値を提供する料理人と出会う。②付加価値の高い写真＝ウエディングフォトに決める。③パレスホテルで修行したのちに独立。④今回の入賞。

さて、本章の最初に説明したとおり、ここで紹介する皆さんは自身の経験やセンスなどから、独自に成功を収めています。それを言語化し、誰でもできるように落とし込んだのが本書の方法です。その視点から、実際に右近さんの成功の裏側を考えてみましょう。

強みとモチベーション

強みは風景写真家＋フォトグラファー＋スキンダイビング（水深50メートル）、

モチベーションは唯一無二の写真を撮ることへの情熱です。

ベンチマーク

業界トップのパレスホテル。スキルや知識など人的リソースが足りていなかったので、就職して業界とスキルを学びました。

タテにズラす

式場写真など、ウエディング写真はたくさんありますが、（パレスホテル写真部から）風景を主体とした写真を強みとした会社で独立しました。

競争優位性

東京駅でのウエディングフォトは多くの競争相手がいます。それでも右近さんはすでに成功を収めているパレスホテルをモデリングしたわけですから、流行に乗って参入してきた同業他社に負けるはずがありません。水中ウエディング写真においても、競合はダイバーが写真を撮る場合がほとんどで、ダイビング技術は同等だとしても、写真技術や撮影機材は右近さんの足元にも及びません。

また、ウエディング写真を専門にしているフォトグラファーが水中ウエディングに参入したとしても、風景写真のスキル、ダイビングスキルで右近さんに勝てる人はいません。強みを掛け算することで唯一無二の存在となっている、良い事例です。

注意点

ベンチマークする際は、トップをマネしないと薄まります。実際、右近さんをベンチマークした会社をさらにベンチマークしている同業他社が多く、写真自体が非常に劣化しており、結果として競争力が弱まり、低価格で商売している状態になっています。

結果を出している会社をベンチマークするのはとても大事ですが、商品のオリジナルはどこか?をきちんと把握することはそれ以上に重要です。努力するポイントを間違えると、いくらがんばっても結果は出ません。

CASE 2

保険営業・Sさん

——今のお仕事について教えてください。

S　保険代理店に勤めていて、お客様に保険をはじめとした金融商品を販売しています。

——いわゆる保険営業ですね。具体的にどういう業務なのでしょうか。

S　保険会社に代わって保険を販売し、その手数料をいただく仕事です。一社専属の会社もありますが、私のいる会社をはじめ多くの代理店はさまざまな会社の保険を扱い、お客様に合った商品を提案します。保険はネットから簡単に申し込めますけど、ネットで資料請求しても他社と比較したり、その違いがわかりづらかったりします。そこで保険営業がアドバイザーとして間に入るんです。

——保険に入るのは代理店経由の人が多い？

S　そうですね。昔は日本生命や明治安田生命、住友生命といった国内の保険会社が直接、お客様に営業するのがほとんどでした。プルデンシャル生命ほか外資系が参入して保険会社が多くなると、何十社という保険会社を客観的に分析して販売する保険代理店の存在が一般的になります。中立的な立場で「医療保険だったらここ」「がん保険だったらあそこ」といったアドバイスをするんです。また最近は、代理店も保険だけではなく、さまざまな金融商品を扱う総合代理店という形が増えていますね。

——この業界に入って何年になりますか？

S　4年半です。別業種から転職しました。

——Sさんは限られた人しか入れないMDRT[※1]の会員で、さらにその中でも数パーセントしかいないCOT[※2]ですよね。業界未経験だったにもかかわらず、たった4年半でどうやってCOTになれたんですか？

S　入社当初は社内で一番成績が出ている先輩のやり方を参考にしました。面談からプレゼン、注意事項など、契約までの流れをすべて録音。空いている時間にずっと聴いて、何回もロープレして覚えました。

ただ入社して半年ぐらい経ったとき、もっと単価を上げるためには個人保険だけではなくて法人契約も取り扱う必要性を感じたんです。今の会社では個人保険の取り扱いが9割以上だったので、参考にする人を外に求めました。

そして週に3～4日休んでいるのにTOTになっている方を見つけたんです。その方は個人保険も法人保険も扱っていたので、個人保険も含めてすべてやり方を切り替え模倣させていただきました。今でもちゃんとできているかわからないですけど（笑）。

※1　MDRT（Million Dollar Round Table）は保険営業において限られた人しか入れない組織。フリーであれ、組織に所属している人であれ、（手数料、保険料、収入のいずれかで）毎年一定の成績を収めている個人だけが会員になれる。その一定の成績とは、手数料ベースを例に言うと、年間754万7000円（2024年）。

※2　入会基準を満たすのも大変なMDRTの中でも、さらに上の称号がCOT（Court of the Table）とTOT（Top of the Table）。前者は手数料ベースで、2264万1000円。後者はさらに難易度が高く4528万2000円（ともに2024年）。ここに入れるの

は全会員の中でもほんの一握り。つまり、保険営業のトップ中のトップで、ここを目指して日々、切磋琢磨している。

自分に合った師匠を見つける大切さ

――今の方に師事して、最も変わったことは何でしょうか。

S お客様への提案の仕方です。それまでは保険でお金を貯めたり、資産運用の提案だったんですけど、全体的な資金計画を作った上で保険を提案するようになりました。たとえば現在の収入と支出をお聞きして、教育費がどれだけかかるのか、老後のタイミングでお金はいくら必要なのかなど、全体的なキャッシュフローを作成し、保険が必要ならどの会社がいいのか提案します。そのような形だと、ただ保険を勧めるよりもお客様も納得しやすい。結果的に、紹介が増えたのでお客様の満足度が変わったのだと思います。

――今は紹介が多いんですね。

S はい。昔はテレアポしたり、交流会に参加したりしていましたが、現在は契約者からの紹介が増え、あまり営業している感覚はないですね。

また、法人保険も扱うようになると、契約者が法人になるので従業員向けのセミナーの依頼や、確定拠出年金の運用をしたいといった相談もいただくようになるんです。

――そのほかで変わったことはありますか？

S 提案だけではなくて、仕事の進め方も変わりました。毎年12月に翌年の事業計画を作るのですが、目標の数字を達成するために昨年の成約率や単価から逆算して必要な件数を計算し、個人保険なら紹介、イベント、セミナーといった形でこまかく分けます。そして1日の行動計画を15分単位で管理する。すると、ただの目標ではなくて、日々取るべき行動になるので、その日のモチベーションに左右されることもなくなります。

――今の方に師事する決め手は何でしたか？

S しっかりした知識でお客様に選んでもらえるような仕事をされていたこと、卒業生がみな結果を出していたことです。ほかの方に会って話を聞いたりもしましたが、ノリと勢いで営業したり、「さしすせそ」[※3]で営業するという方はちょっと違うなと思って。私はあまりグイグイ押したり表面的な営業テクニックは得意ではないんです。

やはり自分の中で腑に落ちないことをお客様に話しても絶対に伝わりません。だからこそ、自分の考えと一致する人から教わったほうが、自分も納得してお客様にお話しできます。

※3　会話のコツとしてよく言われるテクニック。さ＝さすがですね、し＝知らなかったです、す＝すごいですねなどがある。

――現在の目標は何ですか？

S　ＴＯＴに到達することですね。そのために、現在扱っている保険商品、中小企業の財務コンサルティングのほか、外務員の登録もしたので証券の取り扱いも増やしていこうと考えています。

まとめ

業界未経験ながら、たった4年半で業界トップレベルに上り詰めたSさん。第3

章でベンチマークを選ぶ注意点として「強みを選ぶ方法として苦手を選ばない」と説明しましたが、まさにSさんはその点に忠実でした。保険営業は千差万別で、結果の出し方もさまざま。飛び込み営業やテレアポする人もいますし、紹介だけの人もいます。どれだけ成果を上げていても、自分のパーソナリティーに合わない人をモデリングしてしまっては自滅していくのがせいぜいで、結果にはつながりません。

強みとモチベーション

Sさんは苦手を選ばないことで強みを把握しました。その苦手とは、ノリや体育会系のグイグイ押す営業、表面的なテクニックに頼った営業です。モチベーションは、顧客にとって価値のある提案をして結果を出したいこと。

ベンチマーク

自分に人的リソース（スキル＆知識）が足りないと判断したSさんは、自分と同じタイプのＴＯＴに師事しました。卒業生がちゃんと成功していることも確認済み。

ヨコにズラす

ＴＯＴに師事し、その師匠と被らない営業先で営業。

競争優位性

すでに結果を出しているＴＯＴの方から学んでいるので、競合より成約率が高い。実際、顧客へ提案する商品をはじめ、説明の仕方、営業の方法などに関しては競合より信用を得ることができ、口コミへと繋がっていて、今年度はＴＯＴ入りも視野に入っています。

CASE 3

治療家・Ken Yamamotoさん

――Ｋｅｎさんのお仕事を教えてください。

Ken　腰痛専門の整体師であり、資格を保有する柔道整復師でもあります。骨格を整えて健康を取り戻そうとするものですね。マッサージやリラクゼーションとは別物です。

——どのようなきっかけでこの業界に入ったんですか？

Ken　小学生の頃、骨折した妹を治してくれた整骨師の先生に感動して、この道を志すようになりました。そして大学在学中に柔道をやりながら体について学んでいたんですけど、ひどい腰痛になってしまって。大学病院で「これ以上運動すると、車椅子生活になるかもしれないよ」と言われるほどでした。

そこで西洋医学で治らないなら、東洋医学はどうだろうとカイロプラクティックや整体にチャレンジしました。結果的に僕は治ったんですけど、腰痛で競技をあきらめてしまった人が周囲に多かったので、腰痛専門の治療家を目指すようになりましたね。

大学在学中に治療院に勤めながら、専門学校でカイロプラクティックを学びました。そして23歳の夏、川崎市に「健康回復センター」を開設しました。

——最初から腰痛専門だったのでしょうか。

Ken　そうです。当時は何かを専門にする整体師はいませんでした。「全部、診ます」という人ばかり。ただ、僕は腰痛専門をうたっていましたけど、すぐに患者さんが来てくれたわけではありませんでした。23歳の若造には勢いがあっても整体師としての信用がなかったんです。

――何か工夫されたんですか？

Ken　最初は無料で診ていたんですよ。原付で半径10キロ圏内、往診という形でどこにでも行きました。それを繰り返して、信用を積み重ねて。だんだん成果を出せるようになってから、次からは５００円、１５００円、３５００円と、徐々にお金をいただくようになりましたね。

それと、大学で体育学部、柔道部にいたのがよかったんだと思います。先輩にこきつかわれたり、負けず嫌いを叩き込まれたり、コミュニケーション能力を磨くことができたから。「先生のところに行くと、元気になるんだよ」と言ってくれる高齢者が多かったですね。若造でしたが信用を積み重ねた結果、治療院も徐々に流行るようになりました。

独自の技術「KYT」で世界中の人を治療する

――現在も治療院を経営されているんですか？

Ken　治療院はスタッフに譲りました。今は体一つで、世界中の人を診ています。

――活動の拠点が海外？

Ken　そうです。海外の患者さんが多いですね。

――海外に出たのは何歳のときですか？

Ken　26歳のときです。当時、患者さんだった大学教授に「アフリカ出張が決まったから、一緒に来てほしい」と頼まれたんです。それからインドネシア、シンガポール、カンボジアと付いていくようになり、次第に現地の日本人と知り合って、教授なしでも呼ばれるようになりました。

本格的に海外中心になったのは32～33歳の頃です。当時「PRIDE」という格闘技が流行っていたんですけど、ある出場選手の武者修行でアメリカに付いていったとき、ほかの選手も診るようになったんです。アメリカではカイロプラクティックって「ボキボキする」から怖がられていたんですけど、「Kenのやり方は違う」と評判になって指名が増えて。

――その技術こそ、KYT（Ken Yamamoto Technique）ですね。Kenさん独自の技術として有名ですが、これはどのようなものでしょうか。

Ken 「関節・筋肉を本来あるべき正しい位置に戻すとあらゆる痛みが消える」という解剖学に基づく治療法です。もともと名前はなくて、整体師として活動を始めて以来、ずっと勉強を続けてきた過程で体系化しました。

現在は、KYTをセミナーを通して教えています。「あそこは治るぞ」と評判になって、やり方を教えてほしいと請われるようになったんです。

――どんな方が学びに来るんですか？

Ken セミナーには整体院の院長や整形外科の先生が参加されます。国内だけではなくて、ドイツやスペイン、アメリカなど海外でも開催していますね。

すべての悩める人に治療を

――KYTで世界に出て、現在は教育者としても活動されているわけですが、今後の目標は何ですか？

Ken 僕は稼ぐよりも救いたい。医療をビジネスにしてはいけないと思っているんです。医学の父であるヒポクラテスは「目の前の患者に対して、100%全力をつくせ、患者の利益だけを追求せよ」という趣旨の言葉を残しています。

フィリピンやベトナム、カンボジアでは「貧乏だから骨折しても気合いで直す」という人が少なくないんですよ。お金があれば助かる、お金がなければ助からないというのは不平等だと思ってしまう。だからもうすべての人に無料で整体してしまおうかなと思っていて。そばにドネーションボックスを用意して「よければ、入れてね」程度でいいのかなと。

最近は「エベレスト500人整体」をはじめ、ボランティア活動も積極的に行うようになりました。1日に50人、100人という規模で、体の不調に悩む人に対して整体しているんです。もちろん、無料整体をして自分が生きていけなくなってしまっては意味がありませんけど、僕はいろんな人に呼んでいただける。YouTubeもやっているし、クリニックで診ることだけがお金を稼ぐ手段ではありません。

――KYTを開発したKenさんだからできることですね。

Ken　僕のヒーローはイエス・キリストと、アルベルト・シュヴァイツァーなんです。奉仕をしながら生きていく人にあこがれていて、自分もそうなりたいと思ってきた。癒しの賜物が欲しいと願い続けて30年。どうすれば癒すことができるのか、ここ最近でようやく見えてきた。

ＫＹＴでは関節・筋肉を本来ある位置に戻しますが、強い力で押したり揉んだり引っ張ったりボキッとしてしまうと、その反動が体に残っていてカウンターのように戻ってきてしまう。それならば、強い力ではなくて、最大限弱い力で矯正できたら戻らないはず、と考えているんです。もしこれで治すことができれば、それほどすばらしいことはない。この点において、誰にも追従されない自信がありますね。

まとめ

整体の業界では知らない人がいないほど、唯一無二の存在となったＫｅｎさん。1人でトライ・アンド・エラーを繰り返し、トップランナーになった姿はあこがれますが、常人はマネていいところと、マネてはいけないところがあります。特に「Ｋｅｎさん、カッコイイ」という理由でＫｅｎさんが成長してきた生き方をマネしないことです。

ベンチマークなしでトライ・アンド・エラーを繰り返し、会社を成長させていける人はごくわずかです。ましてや、Ｋｅｎさんのポジションへ到達できるのはごく限られた天才だけです。起業希望者の多くがＫｅｎさんのような生き方が起業することだと思ってしまうので、注意喚起のため事例として取り上げました。

本書ではふつうの人が無理なく成功できるノウハウを提唱しています。ビジネスで成功するという点を考えたら、Ｋｅｎさんのコンテンツを使用して成功を収めている整体院をベンチマークし、自分が選んだ商圏で展開しましょう。

次項で登場するヨシさんをはじめ、世界中の多くの人がコンテンツを模倣しビジネスを展開して結果を出しています。日本初の寿司職人養成学校である東京すしアカデミーも同様ですが、商圏を選べば稼げる程度に仕上げてくれるスクール、組織、個人は意外にあるものです。安易にフランチャイズに入るのではなく、そういうところから学ぶのはヨコズラしにおいてわかりやすく、分析が苦手な人でもできる初級編と考えられます。

ただし、スクールなどから学ぶ際は卒業生が結果を出しているかを確認してください。２人目の事例で登場した保険営業のＳさんもＴＯＴの方から学ぶ際、卒業生が結果を出していることを確認していました。インフルエンサーやマーケティングが得意な会社にダマされず、ベンチマーク先だけは慎重に吟味してください。

強みとモチベーション

強みは大学時代に培った人間性・根性と、ずっと学び続けてきた知識・技術。モチベーションは「世界中の腰痛を治したい」という強い情熱。

ベンチマーク

なし（ヒーローはイエス・キリストと、アルベルト・シュヴァイツァー）。

ズラし

なし（トライ・アンド・エラーで成長）。

競争優位性

ボランティア活動で1日50人前後の新規の患者さんを施術する日々。患者さんには整体の守備範囲を大きく超えた人も多数います。1回の施術で治すことを信条としており、その結果、同業者とは比較にならない経験とデータを得ることができ、他の追従を許しません。

注意点

ご覧のとおり、Kenさんはベンチマークをしていないので、ズラしもなし。己の信念の上、トライ・アンド・エラーで成長してきました。前述しましたが、常人は「生き方をマネしてはいけません」。あくまで、ビジネスとして結果を出せる部分にフォーカスしてベンチマークしましょう。

KYTを導入し、商圏ナンバー1になった整体院をベンチマークする際は、右近さんの例でもお伝えしたように、商品がオリジナルであることを確認してください（この場合だとKYT）。ベンチマークした院長さんにあこがれていた場合、院長さんのテクニックを模倣したい気持ちはわかりますが、冷静に判断しましょう。実際にKenさんをベンチマークし成功を収めたヨシさんを次にご紹介します。

CASE 4

整体師、農場経営者・ヨシさん

——現在の仕事を教えてください。

ヨシ　スペインで整体師をやりながら、農場も経営しています。

——スペインに来たきっかけは何ですか？

ヨシ　アイルランドのコーク大学院へ留学中に出会った当時の彼女を追いかけて、スペイン・バルセロナに来ました。「ミス・ユニバースになれるんちゃうか？」と思うほどの美人だったので、スペインに来ることに迷いはなかったです（笑）。

——ずっと整体師として働いているんですか？

ヨシ　最初に働いたのは日本食レストランの皿洗いとマッサージ店です。その後、知人から「大学院まで出て何をやっているんだ」と言われて、物流会社に就職しました。アメリカやイギリスでの勤務を経てスペインに戻ってきてから、会社を辞めてラーメン屋で起業。整体師はそのあとですね。

一流の師匠に教えを請う

――飲食の経験をお持ちだった？

ヨシ　いいえ、最初は蛇口から水を出して鍋に入れることすらビビッていたぐらいです（笑）。日本料理の名店「青柳」で働いていた知人から、ラーメンの作り方を教えてもらったんですよ。その彼は一風堂の社長からバルセロナで一風堂の店長をやらないかと誘われるほど、スープづくりのノウハウを持っていた人でした。

また、開業当初はバルセロナ市内にラーメン屋は3軒しかなくて、行列ができるほどの人気でした。そこで教えてもらったラーメンに加えて、餃子や焼き鳥のメニューをネットで調べ、バルセロナ市内でラーメン居酒屋みたいな形で始めました。

――お店は繁盛しましたか？

ヨシ　開業して2週間で売上が1日あたり340ユーロぐらい上がるようになり、2カ月後には世界一のレストランとして名高い、エル・ブジの料理長であるフェラン・アドリアさんが来てくれました。オープン前にお店の前で待っていてくれて、とても驚きましたね。そして3カ月後にはトリップアドバイザーのカタルーニャ州の日本食レストラン部門で1位になり、これなら行けると思いました。

ただお店の経営は順調でしたが、コロナ禍に売却しました。スペインは日本と違って、補償金が出なかったんですよ。営業できないのに補償はないから、従業員の給料と家賃が出ていく一方で。だから続けるか迷ったんですけど、結局辞めざるをえませんでした。

——整体師の仕事はいつから始めたんですか?

ヨシ　ラーメン店を経営していたときです。スペイン人を従業員として雇っていたんですけど、僕はあまり尊敬されていなかったんですね。「お前のために働いてやっている」という態度で。そんなとき、腰が痛いというスペイン人に整体したんです。もともとマッサージ店にいた頃から勉強していましたから。すると、まわりの態度が変わるようになって。それがきっかけで、本腰を入れてやるようになりました。今ではサッカークラブのFCバルセロナの選手も診ています。

——バルセロナの選手を診る整体師はそうそういないですよね。

ヨシ　最初はストリートパフォーマー、次に歌手、さらにレーサーと紹介が紹介を呼んだ結果ですね。バルサの選手を最初に診たときは、「3分だけ時間をください」と頭を下げました。その3分で痛みを取るよう努力したんです。最初はタダで、短時間で実力を見せる。すると、効果を実感してくれた選手がほかの選手も紹介してくれるようになり、さらには富裕層もどんどん紹介で知り合うようになりました。中には飛行機をチャーターして僕を呼ぶドイツの方もいます。

——ヨシさんがそこまでして選ばれる理由は何でしょうか。

ヨシ Ken Yamamoto先生に学んだからだと思います。それまでもいろいろな文献を読んで勉強していたんですけど、Ｋｅｎ先生の方法を知ったとき、一番しっくりきたんですよ。そしてあるとき、先生がヨーロッパでセミナーをやると聞いたので、会いにいきました。

そして、僕は語学が得意なのでＫｅｎ先生の通訳を申し出ました。先生がヨーロッパを巡る間、ずっとそばにいてテクニックを直接学んで。バルセロナでも日本人の整体師はいますが、Ｋｅｎ先生のテクニックを使う人はいません。だからそもその商品力が圧倒的に違うんだと思います。

——農場経営も誰か師匠がいるんですか？

ヨシ　東京農業大学出身の知り合いから技術を学んだあと、スペインに持ち込みました。また、日本の技術をカリフォルニアに持ち込んで成功を収めた方にも頭を下げて教わりに行きました。

うちの農場の売りは品質と面積当たりの収穫量なんですけど、バルセロナではどちらも満たしている農場はなかなかありません。スペインではハウス栽培のレベルがそれほど高くないですから、すぐに顧客から支持を得るようになりました。

――ラーメン屋、整体、農場経営と、すべて一流の師匠に教わったんですね。

ヨシ　そうですね。「この人はすごい」と思ったら、会いに行って頭を下げて教えてもらっています。

でも、ただ頭を下げるだけではありません。相手をリスペクトする態度が含まれていると思います。そうすることで人間関係が構築され、「教えてやろう」「なんとかしてあげよう」という気持ちが相手にも芽生えるんだと思います。これはお客様に対してでも同じです。ラーメン屋のときは、領事館の人も食べに来てくれたんですよ。僕がパスポートの更新などで領事館に行ったとき、「いつもありがとうございます」と頭を下げる。さらに「ここ（領事館）に来たら、やっぱり僕も落ち着きます」みたいな会話をする。相手も気持ちいいですよね。すると後日、僕のラーメン屋に領事が食べに来てくれるんですよ。信じられないですよね。

また、僕は自分の自慢をしません。今はこうして自分のことを話していますけど、基本的にはマウントを取るようなことは一切しないんです。

——今後は整体師、農場経営をどう展開していく予定ですか？

ヨシ　整体師としては、Ｋｅｎ先生に追いつくことです。ただ僕が精進して少し追いついたかな？と思いきや、先生の成長のスピードはすごく早いので、差を縮めることはまだできていません。もっと早く成長して追いつけるようにがんばります。

また、日本での整体の事業展開も考えています。というのも、インフルエンサーや宣伝に踊らされた一般の方が良い施術を受ける機会が少ない現状を見ると、シンプルに腹が立つからです（笑）。

農場経営では、技術のライセンス販売を考えています。仲間がいればもっとスピーディーにできると思っているので、同じ考えを共有できる人に頭を下げて、拡大していきたいですね。

まとめ

ヨシさんは世の中の成功している経営者の行動をわかりやすく言語化できる、すばらしいサンプルとして見ることができます。ヨシさんは意識せずとも、業界トップレベルのベンチマークを見つけ、模倣してズラしているのです。整体師としてFCバルセロナの選手、ハリウッドスター、ロシアの新興財閥（オリガルヒ）など、そうそうたる顔ぶれの顧客を短期間で持つようになり、まさに本書の方法どおりに経営して成功を収めています。

強みとモチベーション

強みは、海外に住む日本人で語学堪能であること。また、長いヨーロッパでの生活により、欧米文化のリテラシーも高い。特にアイルランドの大学院に留学もしているので、欧米の富裕層とのエグゼクティブな会話にもまったく困りません。モチベーションは、日本人として、一個人としてヨーロッパにおいて尊敬される仕事がしたいという思い。ラーメン屋経営では得られなかった尊敬が整体では得られることが判明し、本格的に整体師としての道を進む覚悟が決まりました。

ベンチマーク

ラーメン屋、整体、農業技術のすべてで日本のトップレベルに師事しています。

ヨコにズラす

ラーメン屋は供給が足りていないことを確認済み（検証済み）の同じバルセロナ市内で開店。整体は競合が少ないヨーロッパ（スペイン、ドイツ）。農場経営も同様に、日本の技術&カリフォルニアでの成功事例を（それほどハウス栽培技術が発達していない）スペインに導入しました。

競争優位性

ラーメン屋、整体、農場のすべてで日本のトップレベルに師事し、ヨーロッパという競合がまったくいない、もしくは弱い商圏で展開し、負けようがない状態でビジネスを展開しています。

日本で考えれば、古い市場で競争が激しいイメージのものばかりですが、一歩海外へ目を向けると市場がガラガラな良い例です。日本経済が弱い現在において、日本の強みを使い世界で稼ぐことは、理想的なモデルケースの一つでしょう。

CASE 5

元サッカー選手・大友慧さん

――大友さんは元サッカー選手として、国内や海外で活躍されましたね。

大友　はい。父親が日本人、母親がフィリピン人で、フィリピン代表にも選出されたことがあります。2000年にベガルタ仙台でプロデビューして、サガン鳥栖といった国内クラブのほか、FCライムスバッハ（ドイツ）、ボンタンFC（インドネシア）のほか、タイ、ミャンマー、フィリピンなど海外のクラブでもサッカーしていました。そして2019年、37歳で引退しました。

――現在の仕事は何をされていますか？

大友　サッカー選手に向けた身体操作の指導や、メソッド開発などをしています。

――引退してすぐに今の仕事に就かれたんですか？

大友　ここまでくるのに4年かかりました。サッカー選手としての経験はあったんですけど、一般社会人としての経験はゼロだったので、紆余曲折を経てようやくたどりついた感じです。

――引退後、最初に就いた職業を教えてください。

大友　外国人向けのドミトリーに併設されていたカフェレストランでアルバイトとして働きはじめました。サッカー選手としての経験はあっても、一般社会での経験はゼロでした。インドネシア、ミャンマー、フィリピンと合計8年を海外で過ごしたので、まず日本社会に溶け込めるのか不安だったんです。だから、とにかく日本で社会経験を積もうと思いました。

――コーチなどの道は考えなかった？

大友　コーチの誘いはあったんですけど、興味が持てませんでした。それほど高くない給料で働いて、時間の拘束もキツいと知っていたので。日本代表監督を目指したいとも思っていなかったし。

もともと30代後半になって、辞めたあとのことを漠然と考えていたんですけど、誰に何を聞いていいのかまったくわかりませんでした。キャリアの後半は東南アジアでサッカーをしていたのでなおさらですね。そして漠然と考えがまとまる前に、チームが消滅してしまって（笑）。給料は月に4000ドルぐらいで未払いもあり、貯金もなかったので、とにかく働くしかありませんでした。

――カフェレストランはどのくらい続けたんですか？

大友 そこは2カ月で辞めました。そして次に不動産会社に入ったんですけど、そこも数カ月で辞めてしまいました。社長から建築施工管理技士の資格を取れと言われて勉強していたんですけど、これが苦痛だったんです。現役時代は食事やトレーニング、体の健康管理について勉強するのは何時間でも苦にならなかったのに。そこでようやく、自分にできることを探そうと思うようになりました。

コーチはできないけど、食事やトレーニングなど運動に関することならできます。なんとなくスポーツトレーナーかなと思って、いろいろなジムに応募しました。ただ30代後半にもなるとまったく採用されないんです。経歴に元サッカー選手と書いてもダメで。いくつか会社を転々としながら、ようやく麻布十番のパーソナルジムでアルバイトするようになりました。

——その時点でどのくらい経っていましたか？

大友　1年です。でも結局、そのジムも半年で辞めました。アスリート出身だから運動が好きなんですけど、これもちょっと違ったんですよね。その後も健康にまつわる会社を転々としながら、たくさんの人に会いに行くようになって。その過程で知り合った人から、今契約している会社を紹介してもらったんです。そこでようやく、自分の強み、モチベーションが続くことと仕事が一致しました。

——そのきっかけは何だったのでしょうか。

大友　あらためて現役時代を見つめ直したんです。サッカー選手は、調子を微調整しながらワンシーズン戦います。好不調の波があると使われないからです。僕は小さい頃からあまり苦労をしてこないままプロになりました。ずっと、なんとかなるの精神で行き当たりばったり。山もあれば谷もあるという選手でした。その結果、24歳でクビになって、その後もたくさん苦労しました。

だから自分の経験を生かして、高いパフォーマンスを発揮する体の使い方、パフォーマンスを維持する方法を研究して教えようと思ったんです。

——4年越しで見つかったんですね。

大友　僕の場合、サッカーと同じくらい情熱を注げるものが見つけられなかったからだと思います。この4年の間、実は何度か現役復帰もしかけました。それぐらい心の整理に時間がかかってしまったんです。

アスリートはなぜ迷ってしまうのか？

――セカンドキャリアに苦労するアスリートは少なくありません。その原因は何だと思いますか？

大友　人任せにしてしまうのが大きいと思います。サッカー選手って現役時代は体調管理を含めて自分自身でマネジメントして、チームに評価してもらって試合に出るのに、セカンドキャリアを選ぶとなると、人に委ねちゃうんですよ。たとえば、日本サッカー協会ではセカンドキャリアのサポートがなく、（現在はありませんが）当時は別組織でキャリアサポートセンターがありました。しかし、何も考えずにそこに頼ると、自分の強みがすべて台無しになってしまう。

――セカンドキャリアを支援するスクールでは、どんなことを教わるんですか？

大友　一般常識として英語を勉強したり、名刺の渡し方を学んだり。でも、そういうことが一つもできなくても、現場でなんとかなったんですよ。

現役を退いた選手を一般社会のフィールドに立たせる教育をしている。それはすばらしいことだと思いますけど、僕みたいな選手はそれでよくわからない会社に入っても、給料はもらえるけど心は病むんですよね。

やっぱり人任せはよくないと思います。スクールだけじゃなくて、お金持ちにすり寄る選手もいるんですよ。いわゆるパトロン探しですけど、それができるのはひとにぎりの有名選手だけ。出会ったその場ではご飯をごちそうしてもらえるかもしれないけど、誰もそんな選手に魅力は感じない。「何か仕事ないですか」ではなくて、「俺はこれだけできるから、いくらください」ぐらいじゃないと、相手にされないと思います。

——大友さんのように、自身の力で強みを見つけるのはむずかしいでしょうか。

大友　僕はアスリート時代にたくさんくやしい思いをしました。世界中のチームを渡り歩いて、挫折も経験しました。海外で生活してみて、クビになったり未払いがあったり嫌なことは数え切れないほどあって、悩んだりもしました。でも、いつか笑い話になると思って立ち止まらなかった。その結果、何度もトライ・アンド・エラーを繰り返せるメンタルの強さが身についたのかもしれません。

でも、誰もがそんなことをできるわけじゃありません。10年、20年経ってもたどりつけない人だっています。だからこそ、結果的に誰かに預けるとしても、どこに預ければいいいか判断できるよう、自分の強みやモチベーションが続くものを把握しておくことが大事だと思います。

まとめ

サッカー選手を引退して社会人になったものの、現役時代と違い、一般社会に出てから自身の強みがわからず遠回りしてしまった大友さん。現役時代は当たり前だった、強みをベースに仕事する大切さに気づくこと、特にモチベーションが続くものが見つからなかったことから、苦労することになりました。

強みとモチベーション

強みは、アスリート時代のくやしい経験と、世界中のチームを渡り歩いたことで経験した多くの挫折。単身で未開のマーケットを切り開く行動力です。モチベーションは、現役時代から高い身体能力を生かし、アジリティー（敏捷性、すばやさなど）で勝負していたことや、パフォーマンスにムラがあり、監督から起用されなかったくやしい経験から来るもの。今の時代のアスリートに同じ思いをさせたくないと、日夜時間を惜しんで研究に没頭する日々。

大友さんは現役時代、アジリティーを生かしたプレースタイルの選手でした。そのため、右記がモチベーションになりましたが、足元の技術や戦略眼を武器にプレーしていた選手なら、モチベーションや強みが異なる可能性もあります。答えは自分の中にあるので、情報に踊らされず自分と向き合うことを強く推奨します。

ベンチマーク

なし。

ズラし

なし（トライ・アンド・エラーで成長）。

競争優位性

成長速度は早いので、遅かれ早かれ業界でトップクラスの存在になると思いますが、現時点では、ビジネスの面で優位性は少ないです。

注意点

本書の趣旨の一つ、ベンチマークを選ぶ点において、「生き方がかっこいい」という理由からベンチマークを選ぶ人は非常に多いと思います。それはビジネスを成立させる上では大きな過ちです。たしかに生き方はかっこいいですが、ベンチマークの対象になりうるか？は冷静に判断しなくてはなりません。

大友さんは利益を出していますが、商圏においてナンバー1のビジネスをしているわけではありません。つまり、まだベンチマークの対象ではないのです。本書ではナンバー1をベンチマークするのがルールですから、あこがれたからといって盲目にならず、冷静に判断しましょう。大友さんをベンチマークするならナンバー1になってからです。あくまで結果の出ているものだけをベンチマークし、不要なリスク、コスト、勉強を避ける。それが本書で提案する最も確実な方法なのです。

大友さんの場合はストーリー性が強いため、その生き方にフォーカスしてしまいがちです。代理人もつけず、海外に単身で乗り込む。当時は未開の地であった東南アジアのサッカーリーグに売りこんでいくその行動力は、サッカー選手と同時にタフな起業家でもあります。Ｋｅｎさんの例でもお伝えしましたが、ベンチマークなしにトライ・アンド・エラーを繰り返し、会社を成長させていける人はごくわずかです。

私も長年、サッカー選手としてのキャリアを近くで見ていて、その大変さにいつも感心していました。現役時代から現在にいたるまでトライ・アンド・エラーで結果を出そうとする姿勢をマネてはいけませんし、マネしたくても常人は途中でお金も精神力も尽きてしまいます。

大友さんのような人をベンチマークするのであれば、生き方をマネるのではなく、またナンバー1になっていない現在でもなく、ベンチマークの対象となったあとにビジネスの部分にフォーカスしてベンチマークしてください。

さて、ここで紹介した5名は、本書の方法を意識して実行したわけではありません。本人の資質やセンス、経験を通して学び、実行したこと。それでも、多くの点で共通点があったはずです。

本章では一種の訓練として事例を紹介しました。現実世界でも同じようにビジネスを分析しながら見ることができるようにしてください。

補章

成長戦略を考える

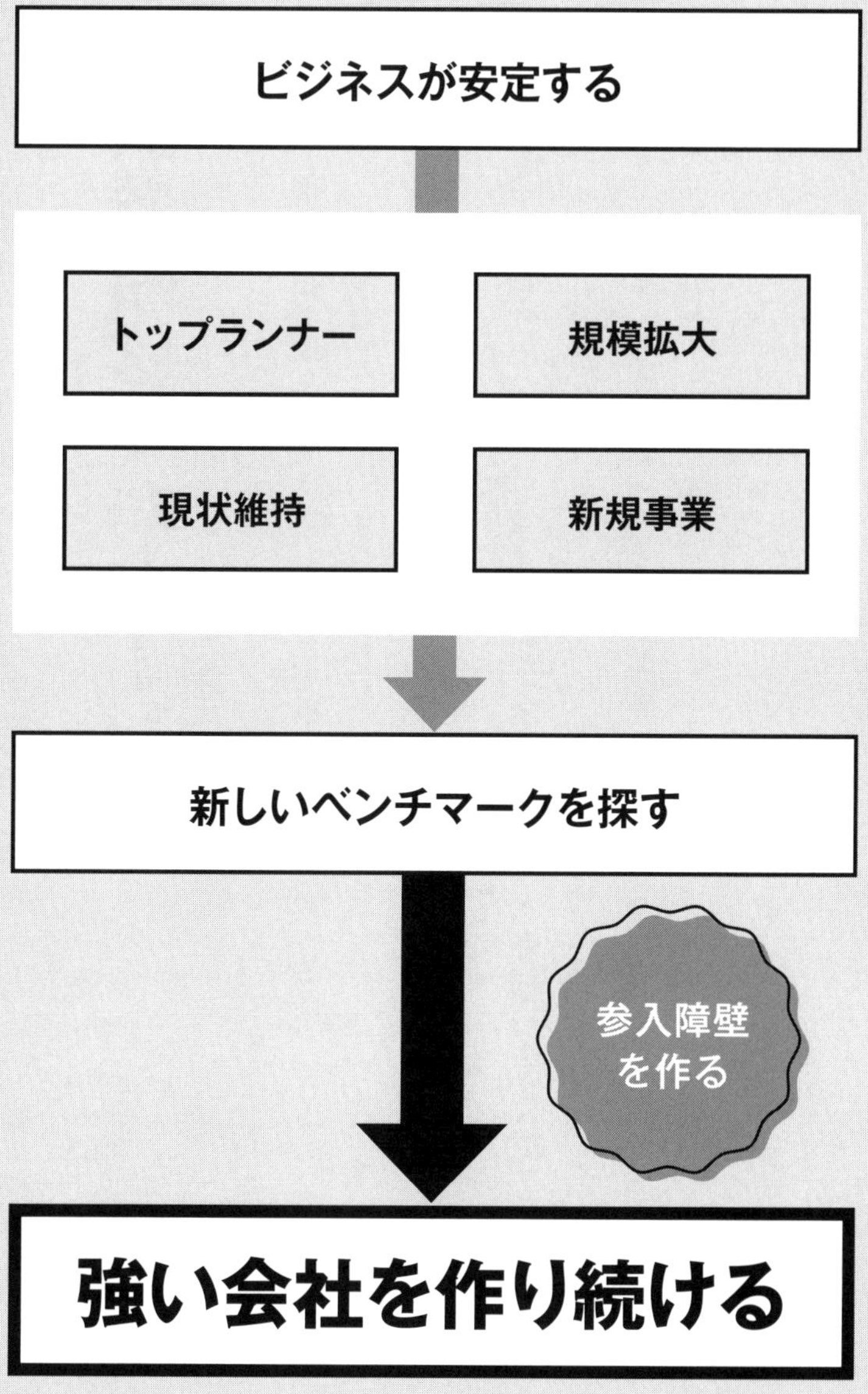
ビジネスが安定する
トップランナー
規模拡大
現状維持
新規事業
新しいベンチマークを探す
参入障壁を作る
強い会社を作り続ける

「成長戦略は4パターン」

本書の最後に成長戦略についてお話ししておこうと思います。
第1章で触れたとおり、起業の最初のゴールは「地道に稼ぐ」ことです。そして、本書はそのゴールへの最短距離を走る方法をお伝えしてきました。

地道に稼ぐとは言い換えれば、**ビジネスをなんとか成り立たせている状態**（＝限られたエリアで勝っている）です。これをキープできれば、すぐにとはいかなくても、いずれ次のステップに進む日が来るでしょう。そこにはどんな展開がありえるのか——その先を紹介します。

それはおおまかに言って4つの道があります。

- **トップランナーを目指す**
- **規模拡大を目指す**
- **現状を維持し、守っていく**
- **築いた人的、資本リソースを使い、新しい事業を作る**

成長戦略＝規模拡大というイメージを持たれるかもしれませんが、一概にそうとは言えません。第5章で登場した治療家、Ken Yamamotoさんのように唯一無二の存在になる＝トップランナーという道もありますし、足るを知る文化ではありませんが現状維持で守っていくという考え方もあります。

トップランナーを目指す

これは自社のレベルが上がるたびにベンチマークの対象を変えて、より高みを目指すことです。商品力を磨き続けたり、後述する参入障壁を築いたりするなどして、誰にも追いつけないポジションを確立します。

レストラン経営でいえば、『ミシュランガイド』で三つ星を目指すのがわかりやすいでしょうか。国内で三つ星を獲得できるお店は毎年10軒程度。名実ともにトップと言えます。

規模拡大を目指す

規模拡大はヨコズラしの展開です。三つ星のレストランを目指すのではなく、どんどん空いている商圏をねらっていくのが規模拡大です。

現状を維持し、守っていく

今のままで十分という考えもありますが、社会はつねに変化しています。したがって、自社だけ変化をしないことは現状維持ではなく、衰退の道を歩むことになります。社会の変化に合わせ、自らも成長してはじめて、現状維持が可能なのです。

築いた人的、資本リソースを使い、新しい事業を作る

成長戦略の一つに経営多角化があります。一つの事業からさまざまな分野へ活動を展開し、現在の市場から新しい市場に挑戦するという意味で使われます。収益の

軸を複数用意して会社を倒れにくくしよう。そんな言説を目にしたことがあると思います。この考え方は、**「自社の強みとリンクしていれば」**という条件付きならば、間違っていません。

せっかく自身の強みと市場をリンクさせたのに、「一度成功したから」と色気を出してまったく経験のない事業に乗り出すと失敗します。自社の事業が斜陽産業で何か新しいことに挑戦しなければいけないとか、資金に余裕ができたから流行りに投資しておこうなど、自社の強みとまったく違うことに挑戦するのは愚策もいいところです。ここまで本書を読んだならば、その選択がリスキーであることは十分理解できるはずです。

そうした間違いを犯さないためにも、新しいベンチマークをしっかり選んでください。

どの成長戦略を選ぶかは、その人の生き方や価値観次第です。ただし、競合に負けない、強い会社を作り続けるという点は変わりません。会社経営にゴールはありません。10年前と同じスタイル、サービスの会社がないように、つねに商品力や営業方法などをブラッシュアップし続ける必要があります。ずっと同じ戦略をとっていたら、いずれ戦えなくなるのです。

「カフェバーから新たな会社を設立」

第4章の最後で、私が立ち上げたカフェオリジナルベースの失敗と立て直しを紹介しました。そのお店が繁盛するようになって半年後、経営が落ち着いたタイミングで新しい事業展開を行いました。成長戦略の一例として、ここで触れておきましょう。

カフェオリジナルベースは米軍のオフィサー（高官）をターゲットにしたカフェバーです。その高官のリストをもとに、米軍専門の不動産賃貸業を始めました。

カフェで築いた米軍高官とのコネクションを強みとして、米軍専門の

不動産賃貸業をベンチマークして新しい会社を作ったのです。

横須賀海軍施設を母港としている米軍関係者の転勤先は大きく分けてアメリカのサンディエゴ、シアトル、横須賀、東京です。そして、2~3年おき（最大5年）にその中から転勤先が決まります。すなわち、転勤するたびに入居先が必要になるわけです。

こちらは最低限、その4都市の不動産を押さえればいいですし、回転率もいい。おまけに、参入障壁が高いことも魅力でした。米軍はオフィサー用の住宅にセキュリティーを含めた一定の基準を設けています。基準を満たしていない物件は弾かれるので、簡単に参入できないのです。横須賀の米軍には約7000人いるので、顧客層を米軍オフィサーにターゲットを細分化して会社を設立しました。本書でいう顧客のタテズラしをしたわけです。

現在の懸念点としては、強みである人間関係を新しく築くのがむずかしいこと。カフェオリジナルベースで発生する人間関係がもとになっている事業なのですが、すでに売却してしまったからです。それゆえ、友人が米軍を退官する日もいつかは来るので、徐々に自社の強みが弱くなっていくはずです。そのときがこの事業の寿命だと割り切ってもいます。

「新しいベンチマークを探す」

さて、目指すのがどの道であれ、行うことは一つです。**新しいベンチマークを探します。**

ベンチマークは自社がどのフェーズにいようと必要です。成長を続けていれば、いずれベンチマークされる側になる可能性はありますが、それでもベンチマークが不要になることはありません。

新しいベンチマークを探す際も、**新しいことはしない。**これに尽きます。「仮説や検証はできるだけしない」と繰り返してきましたが、それは成長戦略でも同じです。不要なリスクやコスト、勉強は避けましょう。

起業当初の自社と、事業を継続している時点での自社では、人的リソースと資本リソースが大きく異なっているはずです。したがって、その時点でマネできる企業をモデリングします。

写真家の右近倫太郎さんは、WPC2024の日本代表フォトグラファーに選ばれ、さらに世界で入賞を果たしたと紹介しましたが、それまで日本代表に選ばれることはあっても、世界で入賞することはありませんでした。

そこで右近さんは直接審査員に会いに行き、会話の中で評価基準を分析しました。その分析結果をもとに、ベンチマーク先を再設定する準備をしっかりしていたと言えます。

一つ補足をしておくと、もしベンチマーク先の企業が成長を続けていた場合、必ずしもベンチマーク先を変える必要はありません。商品力が向上した、新しいサービスを導入した、営業方法をアップデートしたなど、もともとのベンチマーク企業もブラッシュアップを続けているはずです。だから、それを定期的に完コピする。ベンチマークと一緒に成長すればいいだけの話です。

フランチャイズを例にするとわかりやすいですが、本部はつねに企業努力をしてブラッシュアップしています。それを、フランチャイズの加盟店はベンチマークしてコピーをし続けるわけです。

成長するにあたって、できることや見える景色が変わってくるのは子どもの頃も、大人になっても変わりません。できることや見える景色が変われば、夢や目標、価値観さえも変わるかもしれません。どう会社を成長させていくかは、そのつど、立ち止まって考えてみてください。

「他社を寄せ付けない参入障壁の作り方」

業界の外からはおいしく見えても、**簡単には参入できない市場**がたくさんあります。それを可能にするのが参入障壁です。

参入障壁を築くメリットは、新規参入がないので壁の向こう側の人たちは確実に経営できること。一般的にはそれを既得権と言いますが、**参入障壁の向こう側へ行けるか？　もしくは参入障壁を築けるか？**は強い企業を作っていく上で非常に大きなポイントになります。誰でもできることはいずれ飽和します。参入する会社が増えれば増えるほど稼ぎづらくなりますから、参入障壁はあるに越したことはありません。

序章で紹介した「蒲田の親父」を思い出してください。居酒屋で「儲からない」とグチるのは参入障壁を作るため。そもそも「業界の外からおいしく見えない」ようにすることで、自社の独占状態を維持しているわけです。世の中の経営者は勉強しなくても、自然に勝ち筋を知っているいい証拠です。

では、参入障壁にはどんなものがあるでしょうか。

最強の参入障壁は、信用（属人性の高いビジネス）です。商売ではよく「信用が大事」と言われますが、これはそのまま参入障壁になります。

たとえば、日本中の大半のスナックは個人資本で成り立っています。ママと常連のあうんの空気というリアルな人間関係を築くには「人柄」という要素が不可欠です。これが属人性ですが、ビジネスベースの展開では構築に限界があるので大手企業が参入しにくい市場と言えます。

高度なスキルを持っている、特殊な商品を作る、資格制度にしてしまうほか、コスト構造でも参入障壁を作ることはできます。たとえば漁師の居酒屋の場合、商品として売れる魚は市場に卸し、規格外品は刺身にすれば顧客にはわかりません。原価率でいえば数パーセントです。こうした圧倒的なコスト構造を構築できれば、競合他社は太刀打ちできないでしょう。

私が投資している事業の中でも特に次の3つの事業は、参入障壁が非常に高いことが競争力を高めています。

一つは「東洋のストラディバリウス」の異名で世界的に知られる「Ｊｉｎ工房」。200年以上寝かせた木を大量に保有する工房は、世界にほとんどありません。つまり未来永劫、素材のアドバンテージがあります。

もう一つは、浅草にある「ASAGE CAFE」。こちらは東京都で3軒しか許可が下りていない、隅田川の川テラスの権利を取得しています。大企業や日本を代表する建築家でさえ川テラスの権利を取るのが非常にむずかしく、簡単に参入できない権利です。

そして最後は、沖縄の金城畜産。那覇では知らない人がいないほど有名な老舗の豚の丸焼き専門店です。老舗の信用力と、豚を丸ごと焼く大きな窯を所有しているのは那覇にはほかにありません。大量の煙と油の匂いが出る窯を那覇市内に新しく作るとなると住環境的にかなりハードルが高いので、新規参入には非常に高い参入障壁があります。

参入障壁の例を見ればわかるとおり、本当は参入障壁を考えながら起業するのがベストです。ただ、そこまで考えていては、起業のハードルが上がってしまいます。手順が複雑になればなるほど行動力は落ちてしまう。ですから、ベンチマークがやっている参入障壁をマネればいいのです。「新しいことは考えなくていい」。参入障壁も込みでベンチマークしマネてください。

参入障壁がない場合は稼げるようになってから守りを考えてください。稼いでいないのに守りを考えても意味はありません。

「まずは一つ結果を出そう」

社会の情勢は日々変わり、新しい技術や知識は次々に生まれ、アップデートされています。同じ商品やサービス、ビジネスモデルでずっと続けられるのは、先の項目で説明した参入障壁がよほど高いものぐらいでしょう。基本的にはないと考えておいたほうが無難です。

したがって時代の変化や自社の成長に合わせて、ベンチマークを変え、ズラし続けるのが必須です。

いずれにせよ、**まずは一つ結果を出してからでないと何もできません。**

これまで自分で起こした事業だけでなく、さまざまな会社に投資してきた経験から言えば、100発100中で成功することはむずかしいです。それでも、精度を上げていくことはできます。すぐに修正がきくビジネスを構築しておく。そんなふうに考えておきましょう。

本書では不要なリスク、コスト、勉強を避け、なおかつ確実に稼ぐために、**「成功している誰かのやり方を、空いているほかの市場でやる」＝マネて、ズラす**方法を解説してきました。

まずは行動してもらいたいと、方法論や事例はきわめてシンプルにしました。それは言い換えれば、編集された情報でもあります。自身の力で強みを見直し、ベンチマークを調べ、一つズラす過程で迷うケースが出てくる可能性もあります。それでも、本書のとおりに実践すれば、まずは一つ結果を出すことができます。小さく始めれば修正も容易です。そのつもりでトライしてみてください。

おわりに

正解は一つじゃない

世界の山と海を渡り、同じ趣味でつながる多くの成功している経営者と語り合う中、私はネットや本にあふれる膨大な知識について疑問を感じていました。「起業するのに大量の知識は必要なのだろうか？　アカデミックな知識が豊富な経営者がいる一方で、勉強が苦手な経営者もたくさんいるじゃないか」と。

やがてこの疑問は一つの結論を得ました。つまり世の中には、経営のロジックを学んで成功している人と経営のロジックを学んでいないが成功している人の2通りの経営者がいることです。

本書で着目したのはご存じのとおり後者です。彼らのノウハウを分析し、体系化して、理論立てることを試みました。その試みはある程度、うまくいったのではないかと思っています。たとえ傑出した才能がなくても、勉強しなくても、誰でも自分の選んだビジネスで稼ぐことができる。ここまで読んでいただけたのならば、その道筋はクリアになっているはずです。

起業において、たった一つの正解はありません。もし、そのような言説、ポジショントークを目にしても、もう疑うことができるはずです。

世の中には数えきれないほどのビジネスが存在し、同じように成功例もたくさんあります。それだけベンチマークの候補が存在するということです。自分の強みと合っているか？　苦手なことじゃないか？　現時点でマネできるのか？　その点をしっかり見極め、自分に合ったベンチマークを選ぶことができれば、大きく失敗することはないでしょう。あとは現場合わせでなんとかなります。

だからこそ、気楽に一歩を踏み出してみてください。そして、まずは一つ結果を出してください。

好きな未来を生きよう

私は大学生の頃に読んだ沢木耕太郎の『深夜特急』にあこがれて、「こんな人生を送れたら」と心から望み、実際に学生時代はバックパッカーとして陸路で世界一周旅をしました。しかしすでに触れたとおり、私は沢木耕太郎にはなれませんでした。それでも、旅の中で生きる人生は手に入れることができました。

会社経営はその人の価値観が強く反映されます。拡大して大企業を目指す道もあれば、自分だけでコツコツ無理をしない程度に続ける道もあります。それぞれが人生をどう生きたいかによって、臨機応変に変えていけばいいのです。地道に稼ぐことができれば、どんな未来でも選ぶことができます。

誰でも起業前後には葛藤の日々があるものです。私も20代、30代、間違えたりやり直したり途方にくれたり。そんな七転八倒の日々を過ごして今があります。

不安定な世界情勢が続き、日本の政治も先行きが見えない状況で、それでも人生を切り開こうと起業を夢見る若者、多くのいまだあがいている起業家たち。私の経験が彼らの未来に一役かえるならば光栄です。

令和6年3月

村上学

どんなビジネスを選べばいいかわからない君へ

2024年3月19日　第1刷発行

著者	村上 学
編集人	佐藤直樹
デザイン	華本達哉（aozora.tv）
発行人	森下幹人
発行所	株式会社 白夜書房 〒171-0033　東京都豊島区高田3-10-12 ［TEL］03-5292-7751　［FAX］03-5292-7741 http://www.byakuya-shobo.co.jp
製版	株式会社公栄社
印刷・製本	図書印刷株式会社